Der mittelalterliche Choral

NEUE STUDIEN ZUR MUSIKWISSENSCHAFT

herausgegeben von der Kommission für Musikwissenschaft der
Akademie der Wissenschaften und der Literatur

Band II

Der mittelalterliche Choral

Art und Herkunft

Ewald Jammers

SCHOTT

Bibliografische Information der Deutschen Nationalbibliothek
Die Deutsche Nationalbibliothek verzeichnet diese Publikation in der Deutschen
Nationalbibliografie; detaillierte bibliografische Daten sind im Internet über
http://dnb.d-nb.de abrufbar.

ISBN 978-3-95983-024-9 (Paperback)
ISBN 978-3-95983-025-6 (Hardcover)

www.schott-campus.com

Printed in Germany

INHALTSVERZEICHNIS

DER MITTELALTERLICHE CHORAL

Der Leser wird vielleicht zunächst vermuten, daß mit dem „mittelalterlichen Chorale" der gregorianische Gesang gemeint ist, obwohl diese Bezeichnung keineswegs üblich wäre. Er würde dabei von der Annahme ausgehen, daß der gregorianische Choral im Mittelalter, genauer im frühen Mittelalter, entstanden ist. Diese Annahme trifft aber doch wohl nicht zu. Freilich ist die Zeitbestimmung „Mittelalter" reichlich ungenau, und man könnte dieses Zeitalter bereits mit der Völkerwanderung oder dem Sturze des Römischen Reiches beginnen lassen. Da es sich aber um den kirchlichen Gesang handelt, tun wir sicher gut, es in unserem Falle dort beginnen zu lassen, wo die Kirche ihr Altertum aufhören läßt, mit dem Ende der Väterzeit. Benedikt und Gregor der Große sind letzte Römer, letzte Vertreter der kirchlichen Antike.

Schwieriger ist die Frage zu beantworten, wann nun der gregorianische Choral entstanden ist. Einwandfrei lesbar überliefert ist er uns erst von der Zeit an, da es eine Liniennotierung gibt, seit Guido von Arezzo, also etwa seit dem 11., 12. Jahrhundert. Doch ergibt sich zweifelsfrei, daß auch die Neumenhandschriften ohne Linien dieselben Melodien verzeichnen; sie reichen bis ins 10., allenfalls ins 9. Jahrhundert zurück. Aber da diese Quellen auf ältere Überlieferungen zurückgehen, die weitgehend voneinander unabhängig sind, dürfen wir als gesichert annehmen, daß der gregorianische Choral in seinen wesentlichen Teilen, die nachher festgelegt werden sollen, noch vor der karolingischen Zeit vorlag. Wir dürfen in ihm also tatsächlich den Choral Gregors I. erblicken. Gregors Leistung ist dabei aber nicht so zu verstehen, als hätte er den gregorianischen Choral als etwas Neues geschaffen, persönlich oder durch seine Beauftragten, so daß man diesen also doch noch an den Anfang einer geschichtlichen Periode zu setzen hätte. Allerdings hat man sich neuerdings entschlossen, der Gregorianik eine vorgregorianische Periode vorangehen zu lassen. Trotzdem ist der gregorianische Choral nur ein Abschluß, wenn er auch als solcher verschieden ist von früheren Formen. Gregor war Sammler; er war auch Ordner und Umgestalter[1]. Er gründete oder gestaltete eine Schola aus, die den Kirchengesang pflegen, die aber auch die Gestalt, die der Papst ihm gab, festhalten sollte. Und diese Gestalt mit ihren

---

1 Neuerdings schlägt freilich Br. Stäblein vor, dem späteren Papste Vitalian die eigentliche musikalische Tätigkeit Gregors zuzuweisen (vgl. zuletzt in „Musik in Geschichte und Gegenwart". II Sp. 1271—76). Hier ist kein Platz für eine eingehende Prüfung des Vorschlages, der wohl zu beachten ist, obwohl nicht recht ersichtlich ist, ob das Problem gleicher liturgischer und verschiedener musikalischer Entwicklungsstufen so besser gelöst ist als bei der bisherigen Annahme. Auch ist die Frage hier nicht von Bedeutung.

Kürzungen, Vereinfachungen, insbesondere mit ihrem Rückgriffe auf die Psalmen, war lateinisch. Der Choral entfernte sich dabei nicht — soweit wir das heute wissen — von den Stilgesetzen des damals allgemein üblichen Kirchengesanges, vor allem nicht von der Formelhaftigkeit des musikalischen Denkens. Ein gregorianisches, ein vorgregorianisches, ein ambrosianisches Graduale mit gleichem Texte können sehr verschieden sein und stimmen doch in den Grundgedanken so sehr überein, daß wir nur von Varianten, von Abweichungen reden dürfen. Andererseits ist mit Gregors Tod die Kompositionstätigkeit im wesentlichen abgeschlossen. So müssen wir die Gregorianik also als spätantike Schöpfung betrachten.

Natürlich sind zu dem Werke Gregors im Laufe der Zeit Gesänge hinzugefügt worden. Am reinsten hat sich der Kern der Gregorianik, das Proprium der Meßgesänge, das Repertoire der Schola, erhalten. Gerade hier hat die Kompositionstätigkeit schon bald nach Gregors Tod aufgehört: Zur Zeit Gregors II. war man nicht mehr in der Lage, neue Meßproprien zu vertonen. Was hinzugekommen ist, sind vereinzelte Nachträge, und im Grunde handelt es sich mehr um neue Texte als um neue Melodien. Bei den kunstloseren Antiphonen und Responsorien des Stundenoffiziums erhielt sich die Kompositionstätigkeit im alten Stile längere Zeit, etwa bis zu Gregor II., wenn auch keineswegs fehlerfrei. Auch hier kann der heutige Bestand des Antiphonale officii et missae mit gelegentlichen Ausnahmen als gregorianisch betrachtet werden. Unklarer liegen die Dinge bei den Psalmodieweisen, den Formeln der Lektionen und den ähnlichen rezitativischen Melodien. Zweifellos haben diese Gesänge ihre endgültige Gestalt erst im späten Mittelalter erhalten. Aber ihre Grundgedanken, ihre Strukturen sind die ältesten Bestandteile des Chorals, sie sind älter als die Ordnung Gregors.

Das Ordinarium dagegen kann eigentlich nicht als „gregorianisch" betrachtet werden. Der allgemeine Sprachgebrauch ist hier sehr ungenau. Diese Gesänge sind lange Gesänge des Volkes, genauer Akklamationen gewesen, die nicht der Schola zukamen, die aber später von ihr übernommen wurden. Die Schola hat dann diese Gesänge reicher ausgestaltet. Die uns überlieferten Gesänge entstammen viel späteren Jahrhunderten, etwa dem 11. bis 16. Jahrhundert, und wir müssen sie also, selbst wenn auch für den einen oder anderen Gesang ein etwas höheres Alter nicht widerlegt werden könnte, als mittelalterlichen Choral bezeichnen.

Die Hymnen gehören nur teilweise in den Bezirk des „mittelalterlichen Chorals", insofern sie nämlich im Mittelalter entstanden sind; indessen ist gerade bei ihnen eine solche Trennung in vormittelalterliche und mittelalterliche Werke schwer durchführbar, und außerdem wäre sie zwecklos: denn die Hymnenmelodien unterlagen damals einer dauernden Umwandlung; die beiden Gruppen haben sich einander angeglichen; zum mindesten aber muß man sagen, die vormittelalterlichen Melodien sind mittelalterlich geworden. Und soweit sie das und weil sie das geworden sind, gehören sie mit gutem Recht in den Bereich des mittelalterlichen Chorals und unserer Bemühungen. So mag also jetzt auch genauer festgelegt werden, welche Musik denn hier als „mittelalterlicher" oder „nachgregorianischer Choral"[2] in Frage steht. Zunächst also die Hymnen. Ihr Platz ist nicht in der Messe, d. h. im Hauptgottesdienste, sondern in den Stundenämtern oder bei den feierlichen Umzügen. Es sind in sich geschlossene Gesänge, die keiner Ergänzung bedürfen oder in Anlehnung stehen wie die gregorianischen Formen, wie also die Antiphonen, die mit den Psalmen, oder die Responsorien, die mit den Lesungen eine organische Einheit bilden als musikalisches Gegengewicht zu diesen inhaltlich wichtigen Gebeten oder Erwägungen. Die Hymne ist strophisch gebaut und schließt mit der feierlichen Anrufung der Dreieinigkeit. Solcher Hymnen verzeichnen die Analecta hymnica etwa 5000—6000; wie viele rein literarische Erzeugnisse darstellen, wie viele davon eigene Melodien, wie viele mehrere Melodien besitzen, steht dahin; jedenfalls handelt es sich um ein sehr umfangreiches Melodiengut.

Eine 2. Gruppe bilden die Sequenzen („Reihenlieder", wie ich übersetzen möchte). Ihr liturgischer Platz ist nach dem Alleluja der Messe; auch sie sind in sich abgeschlossene Gesänge, oder sind es geworden. Die Analecta hymnica haben rund 4000 Sequenzen gesammelt, denen annähernd fast die gleiche Melodienzahl gegenüberstehen dürfte.

Die Tropen als 3. Gruppe sind ihnen nahe verwandt; man kann die Sequenzen fast als Allelujatropen betrachten. Doch sind die Tropen nicht selb-

---

2 Der bisherige Brauch, auch den „mittelalterlichen Choral" als gregorianisch zu bezeichnen, führt zu großen Unklarheiten, man müßte dann die vormittelalterlichen Schöpfungen etwas umständlich als „eigentliche Gregorianik" betrachten. Diese Unklarheit des Namens veranlaßt ferner manches Vorurteil. Um klare Begriffe und Namen zu gewinnen, empfiehlt es sich daher, das gesamte Choralwerk der westlichen katholischen Kirche als lateinischen Choral zu bezeichnen, gallikanischen, ambrosianischen und gregorianischen Choral, und „gregorianisch" würde dabei den Choral bedeuten, den Gregor geordnet hat, und auch nur so weit (was gelegentliche Nachträge nicht ausschließt), als Formenkreis und musikalische Sprache gewahrt bleiben. Nicht zur Gregorianik gehören dann bei wissenschaftlicher Ausdrucksweise die Hymnen — und mit Recht, da die liturgischen Bücher des gregorianischen Chorals bis ins hohe Mittelalter hinein von ihnen wenig oder nichts wissen wollten. Nicht zu ihr gehören aber auch die Sequenzen, die erst nach Gregor entstanden sind, und alles das, was im Mittelalter geschaffen worden ist, da es durch einen großen zeitlichen Abstand von der Gregorianik getrennt ist, der für den Musikwissenschaftler wohl ebenso schwer wiegt wie der liturgisch-örtliche Abstand der Frühzeit, vor allem, wenn noch ein ähnlicher stilistischer Unterschied hinzutreten sollte. Natürlich ist auch dieser mittelalterliche Choral ein Choral der römischen Kirche, so wie es der „vorgregorianische Gesang" aus der Zeit vor der Gregorianik ist.

ständige Gesänge geworden; sie sind „Einschiebsel", „Zwischengesänge", die sich bereits vorhandenen Gesängen eingliedern. Das ist nun wieder ein ganz anderer Standort für den Komponisten, als es der bei den gregorianischen Antiphonen und Responsorialgesängen war. Die Tropen sind, musikalisch gesehen, Ergänzungen. Tropen gibt es sowohl zu den Meß- wie zu den Offiziumsgesängen. Bei ihrer Veröffentlichung sind die Analecta hymnica steckengeblieben. Ich möchte ihre Zahl auf 2000—3000 schätzen. Die Ordinariumsgesänge umfassen Kyrie, Gloria, Credo, Sanctus und Agnus, d. h. die Texte, die heute die „Messe" der Komponisten ausmachen. Da sie zumeist tropiert sich vorfinden, sind sie in der vorigen Gruppe mitgezählt worden.

Aus den Tropen haben sich die Cantiones entwickelt, halbliturgische Lieder: also Lieder, welche die Liturgie, die priesterliche Handlung, mehr oder minder unterbrechen oder nur sehr notdürftig mit ihr in Verbindung stehen. Ihre Zahl dürfte man auf 1000 schätzen.

Daneben sind noch aus dem Kreise der Meßgesänge die zahlreichen mittelalterlichen Allelujas zu nennen; Alleluja-Vertonungen gehören zwar an sich zu den ältesten gregorianischen Gesängen, und auch das melismatische Meß-Alleluja gehört seiner Entstehungszeit nach noch in die gregorianische Epoche. Doch wird es erst später fest in den Jahreskreis der gregorianischen Gesänge eingeordnet. Hierdurch war dem mittelalterlichen Sänger eine gewisse Möglichkeit geblieben, neue Allelujas zu vertonen, in denen sich dann auch ein neuer Stil bemerkbar macht.

Als letzte Gruppe mittelalterlichen Choralschaffens seien dann die Offizien, die Stundenlieder, aufgeführt. Sie bestehen aus Antiphonen und Responsorien, also aus gregorianischen, altkirchlichen Formen, aber Formen der Stundenandachten und nicht der Meßantiphonen oder -responsorien. Bei ihnen ist daher zweifellos der Verdacht, daß sie keine Eigenart besitzen, am stärksten; doch ist der erwähnte Umstand nicht zu übersehen, daß es sich bei ihnen nicht um Formen des zentralen Gottesdienstes, der Messe, handelt. Von diesen Offizien haben die Analecta hymnica die gereimten Texte veröffentlicht. Über die Zahl der prosaischen ist nur eine grobe Schätzung möglich. Insgesamt dürfte es sich um 1000 Offizien, d. h. zyklische Werke, handeln.

Man sieht, das ist eine große Menge. Doch müssen auch einige Abstriche gemacht werden: zunächst besitzen nicht alle Werke die gleiche Güte; das ist immer so gewesen. Außerdem aber war das mittelalterliche Schaffen noch stark an festliegende Formeln gebunden; wieweit solches formelgebundene Schaffen mittelalterlich sein kann, werde nachher geprüft. Daß eine große Zahl von „Kopien" uns weniger interessiert, ist gegeben. Gleichwohl bleibt eine große, achtunggebietende Produktion.

10

Es fehlt freilich eine gewisse Einheit, welche diese erwähnten Gruppen zusammenfaßt, es sei denn, daß man diese in ihrer liturgischen Randlage erblickt; Einschiebsel, unselbständiger oder selbständiger Art, Unterbrechungen, Gesänge des Nebengottesdienstes. Diese Randlage ist aber für unsere Frage wichtig. Es scheint, als ob die mittelalterlichen Komponisten die gregorianischen Meßgesänge als etwas Unnachahmbares betrachtet hätten und sich mit ergänzenden Kompositionen um sie herum oder in sie hinein (als Tropen oder, was hier nicht in Erörterung steht, aber doch sehr verwandt ist, als mehrstimmige Ergänzungen) begnügt hätten. Für all diese Weisen möchte ich also die Namen „nachgregorianischer" oder „mittelalterlicher Choral" vorschlagen und verwenden. Wenn man sie aber, wie bisher üblich, auch als „gregorianisch" bezeichnet, so entsteht nicht nur, wie erwähnt, leicht das Vorurteil, sie auch als echte Gregorianik zu betrachten, sondern auch die Gefahr, sie als solche zu bewerten, sie als „Auch-Gregorianik" vom Gesichtspunkte der echten aus zu beurteilen und zu verurteilen.

Freilich kannte auch das Mittelalter keine Trennung beider Kreise. Dies aber kann nicht wundernehmen. Denn man kann an einer Wende leben, man kann sogar von ihr wissen und doch über den Umfang und die entscheidenden Kräfte im unklaren sein. Man glaubte an ein Fortleben der Antike, glaubte z. B., das deutsche Kaisertum sei eine rechtliche und tatsächliche Nachfolge des alten kaiserlichen Römerreiches, und die Spielleute trugen die Geschichten vor, daß die Franken Nachfahren der alten Trojaner waren. Und waren sich ferner die Baumeister der Romanik, die Plastiker, die Maler bei aller Stilsicherheit wirklich bewußt, daß sie an einem neuen Stil schufen, der weit entfernt war vom frühchristlichen?

Hier schließt sich sofort eine für uns wesentliche Frage an: Wenn diese Musiker glaubten, es bestünde kein Unterschied zwischen den neuen und alten Gesängen — abgesehen davon, daß sie deren wichtigste Formen nicht nachzuahmen wagten —, sangen denn die Sänger noch den alten Choral so, wie ihn einst Gregor hatte singen lassen? Oder hatte nicht vielmehr ihre Stimme und noch mehr ihr musikalisches Fühlen die Gregorianik umgewandelt zu einem, sagen wir Außenbezirk des mittelalterlichen Chorals? Und ergibt sich dann nicht die Folgerung, daß diese „vermittelalterlichte" Gregorianik nun auch noch wenigstens beiläufig mit in die Untersuchung auf die Wesensart des mittelalterlichen Chorals einbezogen werden muß? D. h. insoweit sie eben umgestaltet worden ist.

Die meisten dieser aufgeführten Kompositionen: Hymnen, Sequenzen, Tropen, Cantionen und Offizien sind nun aber noch unbekannt und schlummern in unerforschten, unveröffentlichten Handschriften, und so wäre das erste Gebot, diesen mittelalterlichen Choral oder wenigstens maßgebliche Werke oder wichtige und beispielhafte Handschriften durch Veröffentlichungen der

Wissenschaft zugänglich zu machen, sofern nur diese Musik irgendwie als eine Neuleistung des deutschen oder außerdeutschen Mittelalters angesprochen werden kann. Bisher hat man sich nämlich dieser Aufgabe weitgehend entzogen, wie man überhaupt bislang wenig Interesse für den mittelalterlichen Choral an den Tag gelegt hat. Die große und für die Musikwissenschaft unentbehrliche Paléographie musicale, eine Leistung französischer Benediktiner, hat zwar als Teil ihres Programmes[3] bekanntgegeben, daß auch Prosarien, Troparien, Hymnarien, Tonarien usw. veröffentlicht werden sollten; in Wahrheit ist aber seit den über 40 Jahren, daß diese Veröffentlichung begonnen hat, noch kein Band dem mittelalterlichen Choral gewidmet worden, sondern man hat sich auf die Denkmäler der eigentlichen Gregorianik beschränkt. Erst der 1939 durch den Krieg unterbrochene 15. Band bringt mit dem Codex Benevent VI. 34 ein „Graduel de Bénévent avec prosaire et tropaire". Auffälliger ist noch, daß die „Abteilung zur Herausgabe älterer Musik bei der Deutschen Musikgesellschaft" bei der Herausgabe des Graduale von St. Thomas zu Leipzig[4] die Sequenzen, d. h. die eigentlich mittelalterlichen Choralwerke übergeht und sich auf die älteren Gesänge beschränkt, die im sog. „germanischen Choraldialekt" notiert sind. Zweifellos ist dieser „Dialekt" wichtig, und er wird auch uns hier beschäftigen müssen; aber die Beschränkung ist ebenso ungerechtfertigt wie jene Bezeichnung fragwürdig[5].

---

3 Vgl. Vorwort zu Bd. 11/1912.
4 Das Graduale der St.-Thomas-Kirche zu Leipzig (14. Jh.) als Zeuge deutscher Choralüberlieferung. Lpzg. 1930/32. Hrsg. von P. Wagner.
5 Ich lasse nun eine Übersicht über die einschlägigen Veröffentlichungen und Studien folgen, die, so kurz sie ist, doch ziemlich vollständig sein dürfte: Am Anfange möge E. Coussemaker: Histoire de l'harmonie du moyen âge. Paris 1852 stehen; dieses Werk bringt viele kleinere Gesänge der frühen mittelalterlichen oder karolingischen Musikgeschichte in Faksimile-Wiedergaben. Der ideale Eifer ist rühmlich und manche Tafeln sind noch heute nicht durch bessere ersetzt. Aber natürlich handelt es sich nur um einige erste Entdeckungen.
Daneben verdienen einige andere Namen genannt zu werden, vor allem A. Schubiger: Die Sängerschule von St. Gallen vom 8. bis 12. Jh. Einsiedeln 1858; eine aus teilweise ungenügenden Quellen mit großem Eifer erarbeitete Studie, die aber auch heute noch nicht durch ein besseres Quellenwerk ersetzt worden ist. Ferner E. Ranke: Chorgesänge zum Preise der hl. Elisabeth. Leipzig 1883, sowie Brambach: Die verloren gelaubte Historia de S. Afra martyre und das Salve regina des Hermannus Contractus. Karlsruhe 1892 (Faksimile-Druck); diese Veröffentlichung geht auf Cod. Aug. LX der Landesbibliothek Karlsruhe zurück.
Die weiteren Veröffentlichungen stehen fast alle unter dem Einflusse P. Wagners. Er selbst hat verschiedentlich zum mittelalterlichen Choral Stellung genommen, so in seinem Hauptwerke: Einführung in die gregorianischen Melodien. 2. Aufl. Freiburg 1911—21, und hat auch manches veröffentlicht. Ich nenne neben verschiedentlichen Beispielen in dieser Einführung: Die Gesänge der Jakobusliturgie zu Santiago de Compostela aus dem sog. Codex Calixtinus. Freiburg 1931 (Collectanea Friburgensia 29 — Neue Folge 20). Unter den Arbeiten seiner Schüler ist zu nennen: O. Marxer: Zur spätmittelalterlichen Choralgeschichte von St. Gallen. Der Codex 546 der St.-Galler Stiftsbibliothek. St. Gallen 1908 (Veröffentlichungen

Unsere Frage lautet also: Ist dieser mittelalterliche Choral nur ein Nachklang der Gregorianik oder hat er eigene Art, wird in ihm etwas Neues lebendig und woher stammt dieses Neue? Und ferner: Wo und nach welchen Grundsätzen müssen wir die Grenzlinien ziehen zwischen der Gregorianik und diesem mittelalterlichen Chorale, oder allgemeiner: zwischen Nachläufern der christlichen Antike und eigenständigem Mittelalter? Man hat z. B. die Schriftform für maßgeblich erachtet, und der Choralist Molitor hat allen Ernstes versucht, die Münsterschen Fragmente, d. h. die uns verbliebenen zweifelsfreien Bruchstücke der musikalischen Kunst Walthers von der Vogelweide im Choralrhythmus zu übertragen, d. h. in einem Rhythmus, der für die „Gregorianik" mindestens seit dem späten Mittelalter üblich und heute für sie kirchenamtlich festgelegt worden ist. Er hat also gewissermaßen in dem Minnesang eine „weltliche Gregorianik" erblickt. Im allgemeinen ist man ihm nicht gefolgt; lieber zeichnete man die gesuchte Grenze der Scheide-

der Gregor. Akademie zu Freiburg, Heft 3), ferner: K. Weinmann: Hymnarium Pairisiense. Regensburg 1905 (Veröff. d. Gregor. Akademie zu Freiburg, Heft 2) sowie mit besserem Blicke für die Probleme des mittelalterlichen Chorals B. Ebel: Das älteste alemannische Hymnar mit Noten. Codex 366 (472), Einsiedeln. Einsiedeln 1931 (Veröff. d. Gregor. Akademie zu Freiburg, H. 17). Sequenzen veröffentlichten: O. Drinkwelder: Ein deutsches Sequentiar aus dem Ende des 12. Jh.s. Graz 1914 (Veröff. d. Gregor. Akademie zu Freib., H. 13).

Neben diesen Arbeiten aus dem Schülerkreise Wagners sind zu nennen P. Aubry: Mélanges de musicologie critique, II: Les Proses d'Adam de St. Victor. Paris 1900, ferner die Veröffentlichungen der Offizien der h. Winnoc und Oswald durch Bayart in den Annales du Comité Flamand de France 1926, sowie: das Karlsoffizium „Regali natus" von dem Verfasser dieser Zeilen (Straßburg: Heitz 1934). Die Kompositionen Julians von Speyer wurden fast gleichzeitig zweimal ediert: von J. E. Weis: J. v. Speyers Choräle zu den Reimoffizien des Franciscus- und Antoniustextes, München 1901 (Veröffentlichungen aus dem Kirchenhist. Seminar, München 6) und von H. Felder: die liturg. Reimoffizien auf den hl. Franciscus und Antonius. Freiburg 1901. Mit der hl. Hildegard befassen sich vor allem: J. Gmelch: Die Kompositionen der hl. Hildegard. Nach dem großen Hildegardkodex in Wiesbaden . . . Düsseldorf 1913, und L. Bronarski: Die Lieder der hl. Hildegard. Leipzig Veröff. d. Gr. Akademie zu Freiburg, H. 9; siehe ferner: Der hl. Hildegard von Bingen Reigen der Tugenden. Ordo virtutum. Berlin 1927, sowie: 12 ausgewählte Lieder der hl. Hildegard. Düsseldorf 1929. Mit dem Ordinarium befaßt sich: M. Sigl: Zur Geschichte des Ordinariums Missae in d. dt. Choralüberlieferung. Regensburg 1911.

Dann sind noch zu erwähnen die mehr gelegentlichen musikalischen Veröffentlichungen aus dem Kreise der Analecta hymnica, deren Herausgeber Cl. Blume und G. Dreves zwar dem mittelalterlichen Choral objektiver gegenüberstehen als P. Wagner und manche seiner Schüler, die aber doch keine Musikwissenschaftler sind, insbesondere: Dreves, G. M.: Gottschalk, Mönch von Limburg a. d. Hardt . . . Leipzig 1897. (Hymnolog. Beitr. Bd. 1). In den Veröffentlichungen der „Henry Bradshaw Society" wurde von W. H. Frere das „Winchester Tropar from Mss. of the Xth and XIth centuries, London 1894" herausgegeben; in jenen der „Plainsong and Mediaeval Music Society", Bannister: Anglo-French Sequelae. London 1934 (nach Bannisters Tode „ed. from the papers", und so enthält das Werk wohl nicht alles, was Bannister hätte sagen können) sowie das „Graduale

linie zwischen volkssprachlichem, zumeist weltlichem und lateinischem, also geistlichem oder doch klerikalem Texte nach. Erst die eingehende Beschäftigung mit den Sequenzen hat diese Scheidelinie in Mißachtung gebracht. Hier ist vor allem H. J. Moser zu nennen, der ihnen in seiner „Deutschen Musikgeschichte" ein eingehendes Kapitel „Klostermusik" widmet. Heute wird man am ehesten echtes Mittelalter bei der Verwendung eines poetischen Textes vermuten. Unsere Aufgabe wird also darin bestehen, nicht bloß auf Grund mehr technischer oder kultureller Zufälligkeiten, wie Schrift, Sprache oder Verwendung, die gestellte Frage zu beantworten und die Grenzlinie zwischen Eigen- und Fremdgut sichtbar zu machen. Denn Schrift ist etwas Technisches. Technik kann entlehnt werden, und auch Schrift kann übernommen werden; wenn es sich auch herausspüren läßt, ob sie der Musik zugehörig ist oder ob man mit ihr nicht völlig zurechtkommt. Das gleiche gilt

Sarisburiense" (hrsg. von Frere) mit umfangreichem Ordinarium, London 1894. Beachtlich ist ferner die Veröffentlichung von H. Villetard, Office de Pierre de Corbeil; d'après le mscr. de Sens. Paris 1907.
Als Musikwissenschaftler, die nicht von der Gregorianik aus an den mittelalterlichen Choral herantreten, sind zu nennen: H. J. Moser, dessen „Deutsche Musikgeschichte" bereits erwähnt wurde und der mit großer Liebe und manchmal auch mit gutem Instinkte sich dem mittelalterlichen Choral widmete, aber auch sorgfältige Sicherung und umfassendes Quellenstudium vermissen läßt, sowie J. Handschin, von dessen Feder ich vor allem die exakten Studien: „Über Estampie und Sequenz" in der Zeitschrift f. Musikwiss. Jg. 12 und 13 (1929—30) sowie ferner die ersten Seiten seiner Arbeit: Die Rolle der Nationen in der mittelalterlichen Musikgeschichte (Schweizerisches Jahrbuch f. Musikwiss. Jg. 5/1931) zitieren möchte, obwohl es sich nicht um Choral-Veröffentlichungen handelt.
Von den Ausgaben der Praxis werde hier erwähnt das Cantuale Romano-Seraphicum, 2. Aufl. Desclée 1929, sowie die Variae preces, Solesmes 1888 und P. Wagners Kyriale. Das Antiphonale Monasticum sec. traditionem Helveticae Congreg. Bened. 1943 bringt die Gesänge des Tagesoffiziums in südwestdeutscher Überlieferung und ist daher eine wichtige Quelle für den „german." Choraldialekt. Nicht unerwähnt bleiben dürfen die Veröffentlichungen A. Gastoues, die dem gallikanischen Chorale gewidmet sind, da dieser nicht ohne Beziehung zu unserem Thema ist. Vgl. A. Gastoue: Le chant gallican in: Revue du chant greg. 41/1937 ff., ferner: Histoire du chant liturgique à Paris.
Sehr zu begrüßen ist, daß nunmehr die Monumenta monodica medi aevi versprechen, wichtige Lücken zu schließen. Auch darf mit Befriedigung festgestellt werden, daß die Johner-Festschrift: Der kultische Gesang der abendländischen Kirche, Köln 1950 und das Kirchenmus. Jahrbuch 1950 sich in mehreren Artikeln mit dem mittelalterlichen Chorale befassen. Als Nachtrag seien dann noch die sehr erfreulichen, wenn auch für die vorliegende Arbeit nicht mehr berücksichtigten Veröffentlichungen von S. Corbin genannt: L'Office de la Conception de la Vierge. Coimbra 1949, sowie: Essai sur la musique religieuse portugaise au moyen age (1100—1385). Paris 1952. Ferner: W. Lipphardt: Die Weisen der lat. Osterspiele des 12. und 13. Jh. Kassel 1948. — Musikwissenschaftliche Arbeiten 2, E. A. Schuler: Die Musik der Osterfeiern, Osterspiele und Passionen des Mittelalters. Kassel 1951, sowie die Publikation: Prosaire de la Sainte Chapelle. Mscr. Chap. de St. Nicolas de Bari (vers 1250) Maçon 1952. — Monumenta mus. sacrae, publ. sous la direct. de Hesbert.

von der Sprache: denn das mittelalterliche Latein ist dem antiken nicht gleichzusetzen. Ebenso muß bei der „Verwendung" angemerkt werden: auch „gottesdienstliche" Musik ist keine unveränderliche Größe, sie ist in ihrer Art durchaus abhängig von den Begriffen vom „Gottesdienst".

So sollen diese Faktoren nicht völlig außer Betracht bleiben; aber es versteht sich von selber, daß eine musikalische Untersuchung von den musikalischen, den wesensmäßigen Elementen auszugehen hat.

TRADITION UND NEUE TRIEBKRÄFTE

Die westliche Kultur erlebt in der Zeit von Gregor bis zur Gründung der abendländischen Staaten eine Umgestaltung, d. h. einen Zusammenbruch und eine Neuschöpfung von ungeheurem Ausmaße, der sich nur die Kirche, insofern sie als Corpus mysticum des Herrn dem Wandel der Zeiten nicht unterworfen ist, entzog. Und es ist eine unbegreifliche Annahme, daß dieser Wechsel auch an dem Choral, der zwar mitsamt der Liturgie in der Väterzeit entstanden ist, spurlos vorbeigegangen sei, während die Liturgie mancherlei Veränderungen erlebte, und daß also Gregorianik und mittelalterlicher Choral einen einheitlichen Stil besäßen.

Viel fremdes und neues Blut und Kulturgut ist in dieser Zeit in das Gebiet Westroms eingeströmt, bis die neue Welt des Abendlandes geboren war. Da sind die Byzantiner oder Syrer, wichtig für die vorkarolingischen Jahrhunderte[6]; aber seit der Entstehung des abendländischen Kaisertums und seitdem der Choral sich von der italienischen Form, d. h. der Gregorianik zu entfernen begann, verlieren sie ihre Bedeutung[7]. Dann sind die Iren zu nennen. Musikgeschichtlich sind die Kelten wenig erforscht, aber bisweilen auserkoren worden, die Rolle eines „großen Unbekannten" zu übernehmen. Ihre Absonderung vom Germanischen, lange Zeit sogar im rein völkischen Gebiet schwierig gewesen, ist für die Völkerwanderungszeit auch heute noch in der Kunstgeschichte mühevoll; andererseits aber werden die Kelten auch bisweilen in eine Linie mit der mozarabisch-gallikanischen Liturgie gebracht. So entsteht hier eine neue Möglichkeit und zugleich Schwierigkeit für unsere Aufgabe: eine gallikanisch-keltisch-mozarabische Musik wäre in der Lage, syrische und nordische Elemente in sich aufzunehmen und auch weithin auszustrahlen. Ist man doch heute geneigt, in manchen Punkten die römisch-gregorianische Liturgie für jünger zu halten als den Gesamtbereich der

6 Vgl. vor allem: E. Welesz: Eastern Elements in the Western Chant. Oxford 1947.
7 Vgl. O. Ursprungs eingehende Studie über „Alte griechische Einflüsse und neuen gräzistischen Einschlag in der mittelalterlichen Musik" Z. f. Mw. 12/1229—30, S. 193. Es scheint heute, daß die griechischen Kompositionen in abendländischen Handschriften des 9.—10. Jh.s wenig mit originaler byzantinischer Musik zu tun haben. Um diese Zeit ist natürlich auch ein unmittelbarer Einfluß der syrischen Musik auf den mittelalterlichen Choral nicht ohne weiteres gegeben. (Die Eroberung Syriens durch den Islam fällt in die Jahre um 635.) Eher können einige Einzelheiten in früherer Zeit auf dem Wege über den gallikanischen Gesang einen Zutritt zum mittelalterlichen Choral gefunden haben. Auf einem solchen Umwege ist auch etwa an koptische Einflüsse zu denken. Vgl. ähnliche auf dem Gebiet der Kunstgeschichte (Holmqvist: Kunstprobleme der Merovingerzeit. Stockholm 1939). Vgl. ferner Lukas Kunz: Struktur der drei ältesten Epiphanie-Kontakien. Byzant. Zeitschrift 41/1941, S. 40.

übrigen lateinischen Liturgien[8], und Entsprechendes muß dann für die zugehörigen Musiken gelten. Dazu kommen dann die germanischen kulturellen Kräfte und Möglichkeiten.

Die entscheidende Frage ist nun die: Kann unter solchen Umständen und wie weit kann der gregorianische Choral sich behaupten? Wahrer der Überlieferung war Rom. Aber Rom war politisch und kulturell damals ein Dorf. Das Komponieren großer Meßgesänge hatte es schon längst verlernt. Trotzdem gelang es ihm liturgie-politisch, den Norden für sich zu gewinnen. Das war das Verdienst der Bonifatius, Pipin und Karl[9]. Die Gregorianik blieb also äußerlich erhalten. Aber blieb sie auch unverändert? Konnte sie ihren Stil rein erhalten?

---

8 Vgl. L. Eisenhofer: Handbuch der kath. Liturgik 1932 I, S. 32 f., ferner: Paléographie musicale V, S. 70 ff. (P. Cagin).

9 Die Karolinger, zunächst Pipin und dann Karl der Große, hatten im Interesse der Reichseinheit statt des vorliegenden Vielerlei von gallischen, irischen und römischen Liturgiebezirken eine einheitliche Liturgie erstrebt. (Vgl. A. Baumstark: Missale Romanum. Seine Entwicklung, ihre wichtigsten Urkunden und Probleme. Eindhoven 1929). Karl bemüht sich, die stadtrömische Liturgie zur Reichsliturgie zu machen. Er erbittet zwischen 784 und 791 von Hadrian I. ein Musterexemplar des stadtrömischen Sakramentars, das in der Aachener Pfalzbibliothek aufbewahrt wurde, und zufolge Ademar auch Muster-Notenbücher, also das „Antiphonarium Sti. Gregorii", das aufzubewahren St. Gallen sich (wohl zu Unrecht) rühmte. Die Liturgie entsprach dann aber nicht seinen Erwartungen, und als Kaiser fühlt sich Karl nach 800 berechtigt, die Liturgie selbst zu redigieren. Der Beauftragte war Alkuin, freilich ein Angelsachse, also ein Gelehrter, der innerlich der stadtrömischen Form verbunden war, so daß der Bruch nicht so groß war. Der große Kaiser starb ohne würdige Nachfolger; trotzdem ist es seiner Liturgie sozusagen gelungen, Rom zu erobern. Aber Deutschland und Frankreich und mehr passiv auch Rom bemühten sich weiterhin um die Liturgie, und die ottonische oder salische kaiserliche ist nicht ohne Einfluß auf die päpstliche geblieben, wobei, wie Baumstark sich ausdrückt: „etwas dem Streite von Ghibellinen und Guelfen Analoges auch im Heiligtum der Liturgie gewogt hat. Eine glatte Ersetzung des Einheimischen durch das Deutsche ist dabei natürlich in Rom nicht möglich gewesen". „Des Ghibellinischen, das sieghaft blieb, ist es aber doch auf der ganzen Linie weit mehr gewesen" (a.a.O. S. 130). Vgl. auch (S. 118): „Noch einmal sollte den Barbaren des Nordens gegenüber auch das christliche Rom erfahren, was das Schicksal des antiken gegenüber dem hellenistischen Osten gewesen war: daß von ihm religiös-geistig, wie von jenem politisch erobertes Gebiet Kräfte barg, die es selbst zu erobern bestimmt waren." Vgl. auch Klauser: Die liturg. Austauschbeziehungen zw. d. röm. u. der fränkisch-dt. Kirche vom 8.—11. Jh., Hist. Jahrbuch 53/1953, S. 169, und mit viel stärkeren Worten: Abendländische Liturgiegeschichte. Bonn 1949. S. 18: „Der Sinn für die Liturgie drohte (in Rom seit Ende des 9. Jh.s) völlig abzusterben. Die Schreibstuben zur Herstellung liturgischer Bücher schlossen ihre Pforten. Vielleicht wäre das liturgische Leben in der Ewigen Stadt damals völlig zum Stillstand gekommen, wenn nicht einige von den Kluniazensern neu besiedelte Klöster treulich weitergepflegt hätten. Damit und mit den Römerzügen der Ottonen muß es letzten Endes zusammenhängen, daß wir seit dem Ende des 10. Jh.s Textbücher, die die römisch-fränkische Mischliturgie enthalten, allenthalben in Italien und vor allem auch in Rom antreffen ... die fränkisch-deutsche Kirche hat die römische Liturgie für Rom selbst und die Welt gerettet ... (und) ganz wesentlich bereichert."

Die musikalischen Theoretiker waren in der überwiegenden Mehrheit Menschen des Nordens, vor allem Frankreichs und des Ostfränkischen-Deutschen Reiches. Hüter der Tradition in der Praxis waren auch die Nordländer geworden, mit ihren keltischen Erinnerungen oder germanischen Veranlagungen. Sie waren zweifellos besten Willens, genau das von Rom stammende Vorbild zu bewahren. Aber konnten sie es denn? Gelangen doch schon den Germanen die Töne des Chorals nicht. (Diaconus Johannes berichtet in seinem bekannten Vorwurf, daß die Germanen und Gallier *dulcedinem discedere insignite potuerunt, incorrupta vero tam levitate animi, quia non multa de proprio Gregorianis cantibus miscuerunt, quam feritate quoque naturali servare non potuerunt*[10]; und wenn er fortfährt, daß ihr Vortrag aufreize und quäle, statt zu besänftigen, so mag er dies zwar in seinem Hochmut auf die wie Lastwagen knarrenden Stimmen der Alpenvölker zurückführen, aber es zeigt doch die Gefahr, die der Tradition drohte.)

Dazu kommt der Wechsel in der Schrift, der sehr tiefe Wandlungen bekundet: Die Tonhöhe wird festgelegt, dabei werden aber von nun an die Vierteltöne unbezeichenbar. Die rhythmischen Zeichen werden preisgegeben. (Die gallikanischen Schriften waren im Prinzip rhythmisch gewesen; die gregorianische rhythmisch zu machen hatte man wohl unter ihrem Einfluß im 9. und 10. Jahrhundert versucht[11]. Und die neue Notenschrift ist notwendig, der ignoti cantus wegen, der Neukompositionen wegen. Denn man komponierte nicht mehr nach Formeln. Davon aber nachher mehr.) Auch wählte man aus dem überkommenen Gute aus und fügte Neues hinzu: Es sei einmal kurz gegenübergestellt, welche Meßgesänge eine Schola etwa der Zeit Gregors auszuführen hatte und welche Gesänge ein Klosterkonvent etwa im 11. Jahrhundert während der Messe ausführte:

Gregorianische Schola	Messe des 10./11. Jahrhunderts
Introitus (dieser Gesang gehörte strenggenommen vielleicht gar nicht zur Messe): Introitusantiphon und Psalmvers (oder -verse).	Introitus, Vers, Introitus, aber durchsetzt mit einem Tropus; vielleicht sogar noch durch einen „Tropus" eröffnet.
	Kyrie, tropiert
	Gloria (vielfach tropiert)
Graduale	Graduale

---

10 Migne: Patr. lat. LXXV, 90.
11 Vgl.: Zur Entwicklung der Neumenschrift im Karolingerreich. In: Otto Glauning zum 60. Geburtstag. Leipzig 1936.

19

Alleluja	Alleluja
	Sequenz
	Credo
Offertorium, mit mehreren Versen, die den Gipfel der Solistenkunst darstellte - je nach Bedarf.	Offertorium (manchmal noch mit Versen, deren Schlußmelismen gern tropiert wurden).
	Sanctus, tropiert
	Agnus, tropiert
Communio, mit Psalmvers (oder -versen)	Communio (ohne Vers), öfters tropiert

Kann hier noch die Rede davon sein, daß die Überlieferung gewahrt sei? Was es bedeutet, daß ein Gesang tropiert wurde, aber auch nur, daß der Psalmvers wegfiel, das wird zu erörtern sein; aber kann man noch erwarten, daß der gregorianische Stil als solcher gerettet wurde oder gar, daß er die Neuerungen beherrschte?

Aber es ist noch ein für die Tradition viel schlimmerer Umstand zu berichten: die Texte der Gesänge wurden, unabhängig von dem Vortrage durch die Sänger, auch vom Priester gelesen oder gebetet. Dieses Nebeneinander von Gesang und priesterlichem Gebet begann mit dem 12. Jahrhundert und ist auch heute noch üblich. Es stellt aber den Endpunkt einer Entwicklung dar, die sich in der Entstehung des Vollmissales dartut: Das Vollmissale enthält gesungene, gelesene und gebetete Texte. Es entwickelt sich allmählich in unserem Zeitalter nach den karolingischen liturgischen Bestrebungen, und zwar anscheinend vor allem im Norden, auf deutschem Boden. Das Vollmissale aber ermöglicht dem Priester, an die Stelle des Chores zu treten und die zu singenden Teile einfach zu verlesen. Diese sog. „Privatmesse" oder „stille Messe" stellt eine große Entthronung der Musik dar, obwohl sie natürlich nicht in einer Musikfeindlichkeit des Nordens, sondern eher in einer stärker ich-haften Frömmigkeit des Nordens ihre Ursache hat. Die Musik stellt jetzt eine besondere, eine feierlichere, schönere Ausführung von Texten dar, die auch gelesen werden können — oder vom 12. Jahrhundert an: die außerdem gelesen werden. Das bedeutet aber eine ganz neue Einstellung zur Musik: die Musik wird zu einem Schmuck, der zum Gebet hinzutreten kann. Das Gebet ist vorher da; genauer: der Gebetstext. Ängstlich ist man bedacht, ihn auf jeden Fall vorzutragen. Es wird nur noch die Art seines Vortrages geändert. In der gregorianischen Epoche stellte dagegen die Musik eine besondere Form des kultischen Verhaltens dar: der Lesung, d. h. der betrachtenden Haltung, folgte der Jubilus, d. h. der melismatische, responsorische

Gesang, der Besinnung also folgte das Ausströmen des durch die Lesung geweckten Gefühls; ähnlich entsprach dem schlichten Psalmvortrag die kunstreichere Antiphonie: der feierliche Gesang tritt nicht als etwas Erlaubtes, vielleicht gar erst nachträglich Genehmigtes zur Lesung oder zum Psalm hinzu, sondern steht diesen liturgischen Formen gleichberechtigt als notwendige Ergänzung gegenüber. Daraus ergibt sich, daß das „Melisma" — der Gesang einer Melodie auf einer Textsilbe — nicht eine Ausartung darstellte, sondern etwas Ursprüngliches war. War die Musik aber Schmuck, so mochte das Melisma, so mochte überhaupt der melismatische Gesang fragwürdig erscheinen. Diese Verschiebung geht auf neue Kräfte zurück, welche die „Tradition" trotz aller Treue, mit der etwa die Handschriften in fleißigem Lebenswerke abgeschrieben wurden, an entscheidenden Stellen zerstörten. Und da sollte der neue „mittelalterliche" Choral nur eine schlichte Fortführung der Gregorianik sein?

Aber weiter: der Introitus mag schon früh seine Verse bis auf den einen einzigen verloren haben. Immerhin genügte dieser eine Vers, um den Sinn der Antiphone zu wahren als Rahmen des Psalmes. Aber die Beziehung des Psalmes selber zur Handlung, d. h. seine Aufgabe als Begleitmusik zum Einzug des Priesters, ging verloren. Ganz verloren ging diese Bedeutung von Antiphone und Psalm auch beim Offertorium, seitdem der Opfergang des Volkes in Wegfall kam, und bei der Kommunion, seitdem der Kommunionempfang, d. h. der Gang der Gläubigen zum Altar hin, zurücktrat — bei diesen beiden Formen so sehr, daß schließlich nur noch die Antiphone ohne jeglichen Psalmvers gesungen wurde. So blieben also letzthin nur noch „Musikstücke" übrig, die kaum noch oder überhaupt nicht mehr durch den Psalm und mit diesem durch eine liturgische Handlung als deren Gegengewicht bedingt waren. Sie waren zu Unterbrechungen der Liturgie oder zu Musiknummern neben der „eigentlichen" Liturgie geworden. Ähnlich liegt es beim „Alleluja", das ein responsorialer Gesang ist, aber der Lectio entbehrt. Offenbar haben die Gesänge ihren liturgischen Boden, aus dem sie entsprossen waren, verloren. Ich wiederhole: und da sollte, was im Mittelalter geschaffen wurde, noch „gregorianisch" sein?

Natürlich haben diese Entwicklungen bereits vor dem 10. Jahrhundert begonnen; man kann sogar sagen: damit, daß in der Frühzeit der Gregorianik zum Psalm die Antiphone — ursprünglich und ihrer strafferen Form nach als Zugeständnis an das (lateinische) Volk — hinzutrat, war in der Blütezeit die kunstreiche Ausführung der Antiphone durch die Schola oder ihre Solisten und in der Spätzeit die Überwucherung, die Verdrängung des Psalmes durch diese Antiphonen gegeben. Aber was dem Gregorianiker ein „Noch" war — er blieb sich der Ergänzung durch den Psalm bewußt —, das war dem nordischen Choralkomponisten ein „Schon": hier fand er schon „Musikstücke" vor, und entsprechend verfaßte er also Antiphonen ohne Psalm, wie die vier sog. Marianischen Antiphonen; entsprechend konnte er später Motetten als Meßeinlagen vertonen[12].

Sieht es so um die Wahrung des Überkommenen aus, so verraten vollends die neuen Formen oder Gattungen, die der mittelalterliche Choral pflegte und dem Ererbten hinzufügte, daß er von einem neuen Geiste beseelt war. Die Hymne war an sich eine alte Form. Sie war strophisch gebaut und schloß mit der feierlichen Anrufung der Dreifaltigkeit. Liturgisch stellte sie eine geschlossene Form dar, die keiner Ergänzung durch einen anderen Teil der Liturgie bedurfte. Während der Responsorialgesang wesentlich Musik als Ergänzung zur Lesung und zur Betrachtung, während der Introitus Musik als Ergänzung zum Psalm und zur Actio war, vereinte die Hymne in sich Gesang und Gedanken. Der biblische Text bedeutete stets eine gewisse objektive Haltung für die gregorianische Musik, während die Hymne ihre Aufgabe darin erblickte, zu den Stunden des Tages oder zu den Tagen der Woche oder auch zu den Festen des Jahres Stellung zu nehmen, auszusprechen, welches Gotteslob sich für diese Stunde, diesen Tag, dieses Fest zieme. Überhaupt aber ermöglichte dieser freie poetische Text eine individuelle Haltung und Gestaltung[13].

Für die Musik insbesondere war die strophische Form wichtig. Diese Form war gültig für Musik und Text: sie stellte also nicht die Musik als formendes Element neben Text, sondern brachte beide in eine nahe Verbindung. Diese Form aber bedeutete bewußte Kunst. Das will besagen: wenn die Gloria Dei, die Ehre Gottes, das Ziel des christlichen Gottesdienstes war, so suchte man sie sonst — das Mysterium bleibe außer Betracht — durch das Gebet, wenn erforderlich, durch das gesungene Gebet zu erreichen: erforderlich wurde dies aber, wenn nach der Lectio das Gebet sich aufschwingen sollte oder während

---

12 Und noch eine Wandlung in der Musikauffassung ist zu erwähnen. Das Mittelalter betrachtete den Tractus als Trauergesang, zumal er nur an Festtagen gesungen wird. In Wahrheit ist der Tractus, d. h. der in einem Zuge durchgesungene Psalm, eine sehr alte Form, und die Fastenzeit war eine Zeit, an der man gerne an alten Formen festhielt (während an liturgisch weniger betonten Tagen das Alleluja an die Stelle des Tractus treten konnte). So entwickelte sich allmählich aus einer historisch bedingten Stellung eine neue Deutung im Sinne eines Gefühlsinhaltes.

13 Mit einer gewissen Selbstverständlichkeit aber erhob sich gegen diesen freien poetischen Text Widerspruch, wahrscheinlich verstärkt durch eine unausgesprochene Abneigung gegen die individuelle und daher oft unliturgische Haltung. Als Beispiel eines solchen Widerspruchs sei das Konzil von Braga genannt, während 633 auf dem Konzil zu Toledo schließlich durch den Hinweis auf das Gloria die Widersacher der Hymne widerlegt werden konnten. Auch die römische, stadtrömische Liturgie verschloß sich der Hymne, doch wohl aus der gleichen Gesinnung und Sorge für die Erhaltung der Gemeinschaftsform. Man muß dies um so mehr annehmen, als an sich die Hymne in Rom nicht unbekannt war.

einer räumlichen Bewegung das Gebet akzentuierter, eindringlicher gestaltet werden mußte. Für beide Fälle boten sich die Psalmen, später auch andere vertonbare Schriftstellen, an, überlieferte Texte, die im Lateinischen Prosa waren. Sie waren „Wort Gottes", und so überwog bei ihnen das Gebet notwendig alle Ästhetik. Es streifte die Grenze des Erreichbaren, wenn der Festgedanke dieses Beten ordnen wollte. Die Hymnen aber benutzten heidnische Vorbilder und wollten geformt sein, wollten ihre Form der ästhetischen Gestaltung verdanken. Sie waren eigentlich nicht eine Form unter andern, sondern sie waren schlechthin „Form" gegenüber der Gregorianik, und das war ihre „Triebkraft" auch während des Mittelalters[14]. Die Doxologie als stets und wesensnotwendige Schlußstrophe der Hymnen gewährt ihr von innen heraus eine Abrundung und Geschlossenheit, wie sie ähnlich der Antiphon erst durch die Verbindung mit dem Psalm, dem Responsorialgesang durch die Verbindung mit der Lesung zukam. Aber diese trinitarische Strophe war musikalisch eine Strophe wie alle anderen.

Seitdem die Hymne im Frankenreich eine neue Heimstätte gefunden hatte, wandelte sich auch Charakter und Form. Waren die älteren Hymnen mehr dem Tag und der Tageszeit gewidmet und traten die Festhymnen noch sehr zurück, so nehmen diese jetzt an Bedeutung zu. Venantius ist z. B. hauptsächlich durch seine Kreuzeshymnen berühmt. Neben die alten Dimeter treten wohl schon vor der Karolingerzeit auch die lyrischen Strophenformen der sapphischen, asklepiadeischen, alkeischen Verse, die Hexameter und Pentameter. Gleichzeitig beginnt die Hymne, die Antiphonen und Psalmen als Prozessionsmusik zurückzudrängen. Es trat die Prozessionshymne in Erscheinung. Sie besteht aus Distichen, und die erste Strophe wird — vielleicht unter dem Einfluß der Prozessionsantiphone — melodisch reicher gestaltet und als Kehrreim (= Antiphone) zu den anderen Strophen (vergleichsweise den Psalmversen) verwendet. Bei diesen Hymnen handelt es sich also nicht um „Rondoformen"[15], wie Moser es darstellt, sondern um Nach- oder Weiterbildungen der alten Antiphonie. Aber die Prosaform und die Psalmodie des Vorbildes sind durch den hymnischen Rhythmus verdrängt, mag er auch als Hexameter oder Pentameter nicht so ausgeprägt sein wie der der Dipodie:

---

14 Sie waren im übrigen so sehr bewußte Kunst, daß Augustinus in seiner „Musica" nicht auf den Gedanken kommt, neben den Hymnen irgend etwas von psalmodischer, responsorialer, antiphonaler Musik verlauten zu lassen. Bewußte Kunst im Dienste der Gloria Dei neben dem gesungenen Gebet. Ich vermute, daß dies ein Problem war, das Augustinus zu seiner Spekulation über die Rolle der „numeri" veranlassen konnte. Durch die Anwesenheit, Wirksamkeit dieser Bilder der göttlichen Ordnung in der Musik glaubte er dann diese rechtfertigen zu können.

15 Vgl. H. Moser: Geschichte der deutschen Musik. I⁵, Stuttgart 1930, S. 88.

Distichen stellen einen ebenso vergeistigten Prozessionsrhythmus dar, wie er in den ravennatischen Mosaiken zu verspüren ist[16]. Für die weitere Entwicklung blieb aber allein die schlichte und doch echt künstlerische und durch ihr Alter geheiligte Form des Ambrosius bedeutungsvoll. Sie ist bis zum hohen Mittelalter nicht in vollem Sinne als gregorianisch betrachtet worden. Sie und nicht die gregorianische Psalmodie befruchtete die poetische Formenwelt der mittelalterlichen Völker. Insbesondere die Dichtung des deutschen Mittelalters bevorzugte einen Vers, der in naher Verwandtschaft zum Hymnenvers steht. Und was den Choral anbetrifft: soweit also bei ihm der Einfluß der Hymne reicht, wird man annehmen müssen, daß keine echte Gregorianik vorliegt.

Die zweite zu betrachtende Form ist die Sequenz: ihre Herkunft liegt noch immer im Dunkel. Notkers Widmungsbrief bezeichnet die Sequenzen als seine Erfindung; allerdings wird dieser Brief fast nur in St.-Galler Handschriften überliefert[17], wo er die Sequentiare eröffnet. Moser[18] begibt sich mit leichten Einschränkungen in den Bann dieser Legende und betrachtet die Sequenzen als germanische Schöpfungen, „Kunstwerke eigener tönender Germanenkultur"[19].

P. Wagner[20] vermutet byzantinische Vorbilder. Er deutet „sequentina" als „ἀκολυθία".

Gegen beide Theorien wendet sich Cl. Blume[21], der nachweist, daß nach dem Handschriftenbefund die meisten Sequenzen in Frankreich, insbesondere im Limousin (Südfrankreich) ihren Enstehungsort haben dürften. Er unterscheidet auch den französischen vom deutschen Typ: der französische ist

---

16 Diese Prozessionshymne verrät örtlichen Einfluß. Zwar kann man bei den Hymnen mit einfachem Kehrreim an einen schlichten Ersatz der Prozessionsantiphone durch die Hymne denken. Die Form der Doppelkehrreime legt aber nahe, an die Madhrāse oder Soghjāṭjā zu denken. Ihr Aufbau war ja sehr ähnlich. Den Langstrophen der Solisten folgten kurze Zeilen oder Kurzstrophen mit Kehrreime oder folgten eben Doppelkehrreime. (Vgl. A. Baumstark: Geschichte der Syrischen Literatur. Bonn 1922, S. 33 ff.) Trotzdem beschränkt sich dieser Einfluß auf die große Form, die am leichtesten nachahmbar ist. Denn wieder wurden antike Verse, Hexameter und Pentameter, gewählt. Und so handelt es sich im Grunde wieder nur darum, daß in einer gewissen Parallele der Entwicklung der Osten dem Westen half, die Psalmodie durch die Hymne zu ersetzen und der Formfreude zum Sieg zu verhelfen. Die merowingische Entstehungszeit dieser Prozessionshymne hoffe ich in einer weiteren Studie zu den „Anfängen der abendländischen Musik" wahrscheinlich machen zu können.
17 Vgl. auch Cl. Blume, An. hymn. 54, XIX.
18 a. a. O., S. 84 ff.
19 Das germanische Prinzip der Hebigkeit wird auf diese Gesänge angewandt, ihre Texte werden als grobschlächtig bezeichnet, in dem Sinne, als mache sich auch bei ihnen jenes deutsche Rhythmusprinzip geltend, daß die Senkungen ausfallen könnten.
20 Ursprung u. Entwicklung. 1911. S. 252.
21 An. hymn. 54, a. a. O.

durch Assonanz auf a sowie Vernachlässigung der Akzente gekennzeichnet. Er bringt dann ferner die Sequenz in Zusammenhang mit den „Versus ad sequentias", d. h. den Tropenversus zu den Allelujamelismen, die damals „Sequentiae" hießen. Bei diesen Allelujamelismen denkt er dann an die „melodiae longissimae" des stadtrömischen Chorals vor Gregor. Auch J. Handschin stellt fest[22], daß die Sequenz (und der Tropus) „in Westeuropa blühte, bevor sie im deutschen Sprachgebiet auftauchte". Handschin betrachtet die Sequenz *Rex caeli* als die „älteste erhaltene"; „sie geht möglicherweise noch in das 8. Jahrhundert zurück und stammt vielleicht von den britischen Inseln", hat aber mit Hucbald nichts zu tun. „Im Aufbau steht sie dem Leich nahe, und in liturgischer Beziehung ist hervorzuheben, daß diese Sequenz noch nicht mit dem Alleluja der Messe in Verbindung steht." Handschin begründet das Alter und die Herkunft einesteils mit ihrem Vorkommen in der Musica enchiriadis, die er Hucbald abspricht und nach England verweisen will.

Anders aber weist H. Besseler[23] auf das Vorbild der syrischen Qâle hin, „da die charakteristische Verdoppelung unregelmäßig wechselnder Zeilen bei syllabischer Melodik auch in diesen Qâlen, die seit dem 5. Jahrhundert überaus zahlreich entstanden, den formalen Aufbau weitgehend bestimmt". So erblickt er noch in den Sequenzen Schöpfungen „pneumatischer" Art, d. h. Werke im Sinne der Gregorianik.

Die Mehrzahl der Forscher erblickt also in der Sequenz eine nördliche Form[24]. Ihre Ausbildung scheint in Westeuropa teilweise unter Einschluß deutschsprachiger Gebiete, jedoch vorzugsweise in Frankreich, stattgefunden zu haben; die Einflüsse des Allelujas sowie der Tropen dürfen nicht überschätzt

---

22 Die Rolle der Nationen, S. 6 ff.; ferner Z. f. Mw. 12 u. 13.
23 Musik des Mittelalters und der Renaissance. Berlin 1931, S. 61.
24 Mosers Darstellungen, die von der Annahme ausgehen, daß die Gesänge „deutsch" oder germanisch seien, sind daher zunächst fragwürdig. Sie brauchen deswegen nicht in jeder Beziehung falsch zu sein; aber jedenfalls bedarf es genauer Abgrenzung und besserer Begründung. Das byzantinische Vorbild P. Wagners wird wohl nicht zu halten sein, da konkrete Übereinstimmungen fehlen. Der Deutung Sequenz = ἀκολυθία fehlen formale Übereinstimmungen als Gegenstück. Gewiß wird eine Sequenz Graeca genannt, wie andere Occidentalis oder Metensis, „abendländische", „Metzer" heißen. Das bedeutet aber nichts Grundsätzliches und besagt nicht einmal, daß die so benannten Melodien aus Griechenland, dem Abendland (!) oder aus Metz stammen müssen. (Vgl. Ursprung a. a. O.); es kann sich um ganz andere Gedankenverbindungen handeln. Was im übrigen die Entstehungsart der Sequenzen anbetrifft, so ist nicht einzusehen, wie jene stadtrömischen alten Alleluja-Jubili, die Gregor verkürzt haben soll, Vorbilder der Sequenzen werden konnten. Die These bedarf wohl einer Korrektur. Auch die Rolle der „Versus ad sequentias" mußte oben eingeschränkt und einer Nachprüfung unterworfen werden. Merkwürdig ist aber, daß mehrere Versus nach gleicher Melodie gehen (das ist für die Tropen nicht gerade typisch) und daß diese Versus wieder Sequenzen mit gleicher Melodie einverleibt worden sind.

werden, falls nicht die analytische Untersuchung sie noch stärker einschränkt. Für den Norden spricht auch die Verwandtschaft mit der weltlichen Form des Leichs und mit den instrumentalen Estampies, die bereits von Ferd. Wolf hervorgehoben und durch Handschin neu ins Licht gestellt wurde; diese Verwandtschaft gilt besonders für den „*Rex-caeli*"-Typ. Natürlich ist damit noch nichts Endgültiges darüber gesagt, daß die Sequenz von Anbeginn an eine selbständige Form gewesen ist, die erst nachträglich mit dem Alleluja in Verbindung getreten ist; doch erscheint diese Annahme Handschins als wahrscheinlich. Auch bleibt immer noch möglich, daß diese Form im Orient Vorstufen hatte.

Liturgisch gesehen — um auch diesen wichtigen Punkt zu erwähnen — stellen die Sequenzen einen Ersatz des Alleluja-Jubilus dar; freilich einen sehr merkwürdigen. Das Alleluja war, wie erwähnt, der musikalische Ausklang einer Lectio, die allerdings in Fortfall gekommen war. Der melismatische, d. h. vorwiegend musikalische, nicht mit Gedanken belastete Charakter des Alleluja war also durchaus gegeben. Die Sequenz aber wurde gewissermaßen zur „Hymne", zum „Festlied der Messe": gerade als Dichtung, und je gewichtiger die Dichtung war, um so stärker war sie Neuerung, Bruch der alten Ordnung. Sie war Festlied. In ihr kündigte sich der Festgedanke des Tages am deutlichsten an. Preisgesang auf Heilige, Gotteshelden oder auf Gottestaten, scheint sie fast ein kirchliches und lateinisches Gegenstück zu weltlichem Heldengesange zu sein. Mit dieser starken Betonung des Festgedankens aber, als musikalischer Gipfel der Messe, störte sie deren Ordnung; vielleicht wirkte auch diese Erwägung mit, als das Trienter Reformkonzil fast alle Sequenzen bis auf fünf strich. Auffällig ist dabei, wie häufig die Sequenz sich in unmittelbarer Rede an den gefeierten Heiligen wendet; diese Anrede steht durchaus im Gegensatz zur übrigen Messe, die mit verschwindenden Ausnahmen sich an Gott selber wendet, dem ja das Meßopfer dargebracht wird. Und auch in jenen Fällen, wo statt des Du ein Dieser steht: der Blick richtet sich von Gott, dem Empfänger des Meßopfers, oder Christus, dem Lehrer und Geopferten, auf diesen Heiligen. Gegenüber der doxologischen Schlußstrophe der Hymne besteht hier die Schlußwendung in einer Bitte an den Heiligen, der wie eine Großer eines weltlichen Reichs um Vermittlung bei Gott angegangen wird. Und auch, wenn später aus dem Loblied, vor allem bei den Augustinern und Dominikanern, ein Lehrlied wird, es bleibt die Schau, die jetzt zur mystisch-scholastischen Schau wird. So scheint diese Schau und Lobpreisung die wesentliche Triebkraft der Sequenz gewesen zu sein. Bedenkt man noch, wie nahe die Sequenz dem Leich, also einer Tanzart ist, so daß sie also im Grunde ein „geistlicher Lobreigen" ist, so scheint es, um nochmals auf die Entstehungsart zurückzukommen, daß sie aus dem Heidentum, aus dem heidnischen Brauchtum in die Messe eingezogen war[25], an die einzige Stelle zwar, wo für solchen Lobpreis Platz war, beim Alleluja, doch letzthin vom altgregorianischen Standpunkt aus als Fremdkörper. Und Fremdkörper war sie in der Tat für den Gregorianiker, noch mehr als die Hymne. Er gesellte dem Texte, wenn dieser in das Feld der Aufmerksamkeit rückte, nur rezitativische Musik, und der Musik, wenn sie wichtig wurde, die Worte nur als Stütze. Wo bleibt diese Trennung? Aber selbst die Hymne war noch strophisch und schränkte also die Rolle der Musik ein. Mehrfach erwähnt wurde der Tropus. Unter Tropus versteht man — ich folge den Analexta hymnica (Bd. 47, S. 7) bei dieser Definition — „die Interpolation oder die durch Interpolation, d. h. durch Einleitungen, Einschaltungen und Zusätze bewirkte Ausschmückungen eines liturgischen Textes" oder — wie wir im Bereich der Musik sagen müssen — einer liturgischen Melodie[26]. Wie Notker als Erfinder der Sequenz, so galt sein Klosterbruder Tuotilo als Erfinder des Tropus — und muß heute ebenso als Erfinder dieser Gattung abgelehnt werden. Schon die Notkersche Legende berichtet, daß in dem Buche aus Jumièges Gesänge sich befanden, die man gern als Versus ad sequentias, als Allelujatropen verstehen kann. So werden wir denn einwandfrei nach Frankreich verwiesen. Zu dem gleichen Ergebnis kommen wir bei der Erforschung des handschriftlichen Quellenmaterials. Reichenau, das an sich früher blühte als St. Gallen, weist mit seinem Tropenmaterial nach dem Westen, während das jüngere St. Gallen einer östlichen Tropenüberlieferung zugehört. Es bleibt aber durchaus denkbar, daß diese jüngere östliche Schule von Tuitilo oder von ihm und anderen eingeleitet oder gefördert wurde.

Tuitilo wird außerdem als Instrumentenspieler gerühmt, und es heißt in Eckehards „Casus Sancti Galli", daß seine Melodien an Süßigkeit durch seine Instrumentalbegleitung gewannen. Auch diese Erwähnung der Instrumente ist wichtig. Die Möglichkeit, daß die Tropen sich auch aus instrumentalen Zwischenspielen entwickelt haben, ist zu prüfen[27]. Dazu kommt der Hand-

---

25 Zweifellos wuchs damals überhaupt die Heiligenverehrung ganz gewaltig; aber hier handelt es sich um die Blickverschiebung.
26 Die weitverbreitete Darstellung, daß es sich bei den Tropen meist oder auch nui oft um die Textierung gregorianischer Melismen handle (vgl. z. B. Wagner: Ursprung usw., S. 279), besteht doch kaum zu Recht! Gerade bei dem Beispiel Cunctipotens läßt sich das Gegenteil vermuten. Man wird doch eher annehmen, daß mit Bewußtsein hier Hexameter dem Kyrie hinzugefügt worden sind, als daß ein bereits seit alters vorliegendes Melisma plötzlich als hexametrisch entdeckt worden ist.
27 Wie überhaupt diese St.-Galler Berichte m. E. zu leicht abgetan werden; sie haben zwar die Neigung, auf die St.-Galler Figuren alles zusammenzudrängen, lassen aber doch die geschichtlichen Vorgänge sehr deutlich durchschimmern. Ja, je mythischer man die Figur Tuotilos nehmen will, um so weniger zufällig, d. h. formengeschichtlich zufällig, werden die berichteten Einzelheiten.

schriftenbefund. Es ist allgemein bekannt, daß einige Sequenzenhandschriften, sowohl aus Limoges wie auch der berühmte St.-Galler Codex 484, die Sequenzenmelodien ohne Text bringen. Gewiß, diese Aufzeichnungen enthalten auch Liquescenten, d. h. Verschleifungsnoten, und andere Unregelmäßigkeiten, die textbedingt sind[28]; aber das besagt nur, daß zur Zeit dieser Niederschriften die Melodien mit Texten versehen und der Schreiber bei der Niederschrift sich des Textes bewußt war. Ebenso gibt es aber Tropare — wenigstens sind mir als solche die Handschriften St. Gallen 484, 381 und Wien 1609 bekannt —, in welchen die Tropenmelodien nach der Aufzeichnung mit Text nochmals ohne Text notiert werden, in welchen sogar Tropenmelodien ohne jeglichen Text aufgezeichnet werden[29]. Nimmt man aber eine instrumentale Herkunft an[30], so scheidet die Gregorianik, die keinerlei Instrumentalmusik kennt, für die Entstehung der Tropen aus.

Im übrigen, außerhalb der Frage, ob Frankreich, Deutschland oder sonst ein Gebiet Mittel- oder Westeuropas in Frage kommt — m. W. sind keine ernsthaften Erörterungen gepflogen worden, die ein Land außerhalb dieses abendländisch-karolingischen Kreises namhaft machen als Entstehungsort dieser so seltsamen Kunstart[31] — aus der gallikanischen Liturgie unmittelbar heraus kann das Verfahren kaum erwachsen sein; denn einesteils knüpfen die Tropen an die gregorianischen Texte an; andernteils aber, so wie sie angewandt werden, zerstören sie die liturgische Form. Sie erstrecken sich beim Introitus z. B. in gleicher Weise über die Antiphon und den Psalm und beseitigen also den Gegensatz dieser zwei Bestandteile. Soll man da von einem großen Mangel an Pietät reden oder von einem so großen Abstandsgefühl, daß man den Gegensatz zwischen der alten Form und diesem ihr fremden Zusatz nicht störend empfand? Beides kann man von der gallikanischen Liturgie als solcher nicht annehmen. Daß sie vielleicht trotzdem auf umgestaltete gallikanische Formen zurückgeführt werden kann, sei später erörtert. Wohl aber sei bereits

---

28 C. Blume weist darauf hin: An. hymn. 53, S. 22.

29 Aber auch bei der üblichen Aufzeichnung der Sequenzen verleiht die Niederschrift der Neumen am Rande des Textes als Gruppenzeichen statt als Einzelzeichen über den zugehörigen Einzelsilben der Melodie eine gewisse Selbständigkeit gegenüber dem Texte. Dergleichen war bei den Hymnen nicht üblich, und deren Melodien waren doch auch zumeist syllabisch. Diese Syllabik ist also nicht Ursache der Randnotierung.

30 Hierüber s. weiter unten. Natürlich gilt diese Möglichkeit nicht für alle Melodien.

31 Eine fremde, d. h. fremdsprache Liturgie kann nicht gut in Frage kommen. Die Nachahmung eines solchen Vorbildes müßte ein genaues Wissen um sie voraussetzen, d. h. die Nachahmenden müßten zu unterscheiden gelernt haben zwischen dem Haupttexte und den Tropierungen bei dem fremdsprachigen Texte und an dem Verfahren Gefallen gefunden haben. Diese Voraussetzung ist sozusagen unmöglich. Man muß merowingische Vorstufen annehmen, die dann allerdings Nachahmungen östlicher Techniken waren.

bemerkt: es sprach, es erwuchs aus ihnen der gleiche Geist, der später dem alten Choral im mehrstimmigen Gesang fremde, oft ganz offensichtlich volkssprachige Texte hinzugesellte, oder der ihn seiner Rhythmik beraubte oder ihn maßlos dehnte, ihn „verjenseitigte", um aus ihm den Cantus firmus für neue Kompositionen zu gewinnen. Das wäre also ein abendländisches, aber zunächst westliches Gut, begabt mit der Kraft, die Formen des Chorals zu sprengen oder umzugestalten[32]. Erwähnt sei noch, daß von den mehr kommentierenden, ausschmückenden Tropen, die gern aus Relativsätzen bestehen, einleitende, hinführende Tropen mit größerer Selbständigkeit zu unterscheiden sind: Aufforderungen, das jeweilige Fest zu feiern, oder das Alleluja zu singen[33]; sie trennen noch stärker die Messe oder die Gesänge, die kirchliche Handlung überhaupt vom übrigen Zeitverlauf und von der Menge der Laienschaft, die erst hingeführt wird, ab[34]. Die eigentliche Triebkraft des Tropus scheint übrigens weniger ein Trieb zu einer bestimmten Gestalt, als vielmehr ein Trieb zu immer neuen Formen an sich gewesen zu sein[35]. Im 13. Jahrhundert war das Interesse an den Tropen erloschen, zugunsten der Cantionen, von denen nachher zu reden sein wird, d. h. aber zugunsten von selbständigen Gesängen — und vor allem zugunsten der Mehrstimmigkeit. Denn auch die Entwicklung der Mehrstimmigkeit ist eng mit den Tropen verknüpft[36].
In engem Zusammenhange mit den Tropen stehen die Gesänge des Ordinariums; weitgehend werden heute die Tropenmelodien — allerdings ohne

---

32 Außerdem wäre noch zu erwähnen, daß der Tropus eine vermittelnde Rolle zwischen den alten heidnischen Kultspielen und der geistlichen Dramatik gespielt zu haben scheint. Vgl. R. Stumpfl: Kultspiele der Germanen als Ursprung des mittelalterlichen Dramas. Berlin 1936.
33 Sie nehmen das Motiv des späten Introitus *Gaudeamus celebrantes* sowie der östlich beeinflußten *Hodie*-Antiphonen also in verstärktem Maße auf.
34 Auf dem Gebiete des Kirchenbaues könnte man mit ihnen den Lettner vergleichen, der gleichfalls Laien und Chor trennt.
35 Genauere Untersuchungen über die Frühformen der Tropen bringt die Heidelberger Dissertation des 1943 in Rußland vermißten R. v. Gemmingen über das Reichenauer Tropar Bamberg lit 5. Da sie noch unveröffentlicht ist, muß ich mich mit dieser kurzen Ausführung begnügen.
36 Bereits die Organa benutzten weitgehend tropierte Texte, besonders die der „Schule von St. Martial", und die Motette stellt sich im Grunde als eine Abart des Tropus dar, indem nämlich der tropierende, ergänzende Text nicht gesungen wurde. Von der Mehrstimmigkeit aus rückblickend, gelangt man übrigens zur Frage: Bedeutete die zwiefache Aufzeichnung mancher Tropen, mit und ohne Text, einen gleichzeitigen Vortrag von Tropus und (instrumentaler oder aber) melismatischer Melodie? Besonders die anfänglichen Assonanzen sowohl bei den Tropen wie den Sequenzen, die sich auch hier als enge Verwandte beweisen, legen diese Annahme nahe. Vgl. z. B. so Ursprung: Kath. Kirchenmusik. Berlin 1931, S. 120. — Da Notker Labeo berichtet, daß die Seiten der Rotta, auf der „Tuotilo", der „Erfinder der Tropen", ja Meister gewesen sein soll, gedreht, „*gewerbet*" werden, ist eine Organumstimme der Drehleier gut denkbar.

den Tropentext — als Melismen vor allem beim Kyrie gesungen. Die Herkunft der Melismen verrät sich dabei noch durch den Titel des Kyrie: „Kyrie fons bonitatis" usw. Die Ordinariumstexte sind nun allerdings alte Texte, wenngleich nicht biblisch oder nur stellenweise biblisch; sie sind erst allmählich in die Messe eingedrungen. Ihr Vortrag war, vor allem in der gallikanischen Liturgie, dem Volk überlassen gewesen: das Kyrie war auch in Rom Gesang der Gemeinde, desgleichen das Gloria. Das Credo aber war Rom fremd; ursprünglich in der griechischen Messe als gesprochener Text heimisch, war es früh über Spanien in die gallikanische Liturgie gekommen und hier Gemeindegesang gewesen. Erst 1014 wurde es auf kaiserliches Drängen hin in die römische Liturgie aufgenommen, worüber Berno von Reichenau eine ergötzliche Anekdote berichtet. Das Sanctus war wohl wieder überall Gemeindelied, während das Agnus, eine späte Form, in Rom der Schola vorbehalten war, dagegen in Gallien vom Volke gesungen wurde.

Diese Melodien waren als Volksgesänge selbstverständlich ursprünglich sehr einfach, d. h. syllabisch gewesen (wie überhaupt im Bereich der lateinischen Liturgien die syllabischen, schlichteren Formen, wie Sequenz oder Tropus, aber vielleicht auch die einfacheren ferialen Melodien der Responsorien oder Antiphonen nach Gallien weisen[37]).

Mit der Karolingerzeit gelangten diese Texte zu größerer Bedeutung; die Komponisten nahmen sich ihrer an, versahen sie mit neuen Melodien für die besonderen Festtage, versahen sie, wie erwähnt, mit Melismen oder Tropen, und so entstand die für den Choral auffällige Merkwürdigkeit, daß mehrere oder sogar viele Melodien für diese sich gleichbleibenden Texte zur Verfügung standen; es ergab sich folgerichtig immer erneut die Möglichkeit, Ordinariumsmelodien zu erfinden, und so ist aus diesem Ordinarium die „Messe" der Komponisten geworden. Wir werden uns nach dem Gesagten nicht wundern, wenn unter den heute gesungenen Ordinariumsgesängen neben den eigentlich mittelalterlichen Schöpfungen auch einige ganz alte und einfache Weisen sich vorfinden — wahrscheinlich im wesentlichen gallikanischen Ursprungs, obwohl einiges auch bis in die jüdische Musik zurückreichen soll[38]. Nun sind natürlich auch die Meßantiphonen einmal einfache Gesänge gewesen — solange noch die ganzen Psalmen beim Introitus oder der Communio gesungen wurden. Aber damals gestaltete man offensichtlich typischer; und brachte sonst der Wechsel der Gesangstexte genügend Aufträge zu neuen Gesängen — so erzwang hier der gleiche Text und ermög-

---

37 Damit dürfte zusammenhängen, daß auch die gallikanische (aquitanische) Schrift ihre Neumen aus einzelnen Punkten und Strichen bildet und die Ligaturen, die in einem Zuge geschriebenen mehrtönigen Neumen, meidet.

38 Doch gehört das von Idelsohn in Zeitschr. f. Musikw. 4, 515, vorgebrachte Kyrie nicht zum Ordinarium.

lichte die offenbar neue Fähigkeit, freier zu gestalten, eine andere Lösung, nämlich die, immer neu zu vertonen. Diese neue Fähigkeit und Haltung ist wohl zu beachten. Ihr entspricht die Eigenständigkeit der Musik. Und so wurde auch die Herkunft aus dem Gemeindegesang zu einer Triebkraft, die der „Messe" eben bis heute noch Lebenskraft gegeben hat. In den Umkreis der Tropen gehören auch die Cantionen. Sie sind, so könnte man sagen, wenigstens zu einem guten Teil aus ihnen erwachsen, so diejenigen Cantionen, die an das Salve regina, genauer gesagt an die Schlußworte: O *dulcis, o clemens, o pia* anknüpfen und auch melodisch-thematisch von dem Salve aus ihren Ausgang nehmen. Andere entbehren völlig einer Anlehnung an altliturgische Gesänge; in ihnen lebt nur noch der Geist der Tropen, die der Liturgie entwachsen wollten, fort. Diese neuen Gesänge des 13.—15. Jahrhunderts stehen eigentlich außerhalb der Liturgie. Sie wollen noch in der Kirche gesungen werden, aber als Lieder der Privatandacht. Sie verzichten auf eine allgemein gültige Einordnung und begnügen sich mit ihrer besonderen Form. Es sind strophische Gesänge mit Kehrreimen, aber nicht in der Art der Antiphonen oder der Prozessionshymnen: die Kehrreime der Cantionen sind der Melodie entnommen, sind Vor- oder Nachklänge[38a]. Die Cantionen sind ferner freier gestaltet, lebendiger und entbehren natürlich am Schlusse auch der Doxologie, des feierlichen Anrufes des dreieinigen Gottes. Das ist mehr als ein äußerlicher Unterschied: die Cantio verliert dadurch die wunderbare innere Geschlossenheit der Hymne, die sie nunmehr durch ein äußeres, formales Mittel, den Kehrreim, zu erreichen sich bestrebt. Dafür aber öffnet sie sich allen Seiten des religiösen Lebens, den moralisch-religiösen Fragen wie den gemütvollen Einstellungen des deutschen Herzens. Es sind entweder volkstümliche Lieder, Liedchen der Gymnasiasten, fröhliche, oft kindlich-harmlose Weisen — lateinische Volkslieder also — oder es sind Gesänge der „Literati" — wie diese Gebildetenzirkel sich im Bereich der Wenzelskrone nannten — mit ihrer seltsamen Mischung oder Überwucherung von choralhaften, melismatischen Bestandteilen durch Liedhaftes. Dazu gehören dann auch Lieder aus dem Kreise der devotio moderna, Gesänge mystischer Kreise, dazu gehören, wenn auch nicht mehr im eigentlichen Begriffe der Cantionen, jene freigeformten „Antiphonen" oder jene „Allelujas", die aus „melismatischen" und „tropierenden" Teilstücken bestehen[39]; aber diese Teilstücke sind in einem Zuge komponiert worden, meistersingerliche Gegenstücke zu den frischen Volksliedern unter den Cantionen.

Volkstümlich-schlicht oder kunstreich, das sind neue Begriffe, die der Gregorianik fehlen, die vielmehr aus der Gestaltung entspringen. Zweifellos

---

38a Auch die Kehrreime haben also ihre Geschichte. Über die frühen Beispiele soll eine Studie zu den „Anfängen der abendländischen Musik" berichten.
39 Vgl. auch A. Schmitz in: Archiv f. Musikf. 1/1936, S. 385 ff.

waren auch im alten Choral einzelne Gesänge, insbesondere die Psalmen, die rezitativisch gehaltenen Litaneien dem Volke zugänglich, andere aber der Schola überwiesen und von ihr oder gar ihren Solisten ausgestaltet und nur durch sie vortragbar. Aber in der Gregorianik waren diese Unterschiede zweitrangig. Sie bedeuteten nicht, daß jene Formen sich an die „Allgemeinheit", das „primitive Volk", diese sich an die Kunstverständigen wandten, vielmehr wandten sie sich alle gleicherweise an Gott, und zwar im Namen des gesamten „Volkes", d. h. der Kirche. Das Verstandenwerden etwa der „schwierigeren Formen" spielte keine Rolle[40]. Nun aber hat man den Eindruck und muß feststellen, daß gewisse Kreise, ihrer Art entsprechend, in der ihnen gemäßen musikalischen Form musizieren, geistliche Lieder singen wollen. Dies wird noch ersichtlicher, wenn man die kunstreichste, die eigentlich kunstvolle Form mit in den Kreis der Betrachtung zieht, die Motette, die ja ebenfalls dem Tropus zu entstammen scheint.

Bei den Cantionen ist es fast lächerlich, die Frage aufzuwerfen, ob man sie noch in die Gregorianik einbeziehen darf. Bei ihnen ist das Volksliedhafte oder aber die meistersingerliche Art so stark ausgeprägt, daß an der Eigenständigkeit nicht zu zweifeln ist[41].

Bei den Stundenliedern, den Gesängen des Stundenoffiziums, also den Antiphonen und Responsorien, liegt nun freilich alles ganz anders. Es besteht kein Zweifel: diese Gesangsformen sind gregorianisch, sie entstammen der frühchristlichen Musik. Indes, wir konnten feststellen, daß die schöpferische Kraft Roms spätestens im 8. Jahrhundert erloschen war, daß die Gesänge dieser Spätzeit ihre reine Form verloren hatten, daß bereits Melodien, wie die des Offiziums zu Ehren des hl. Martin, des vornehmsten Schutzheiligen des merowingischen Reiches, „barbarisch" erscheinen gegenüber der alten Gregorianik; und so erscheint auch hier eine Prüfung angebracht.

---

40 Gegebenenfalls wurden diese schwierigen Gesänge nicht vorgetragen.
41 Die nationale Abgrenzung ist schwierig. Die Kleriker haben manche Weisen aus Frankreich nach Deutschland oder auch aus germanischen Ländern in welsche gebracht; vor allem aber haben in Böhmen in enger Lebensgemeinschaft Deutsche und Tschechen solche Cantiones erfunden.

DER RHYTHMUS

Unsere Aufgabe macht es notwendig, die einzelnen Elemente des mittelalterlichen Chorals auf ihre Eigenart zu prüfen; so müssen sie aus ihrem Zusammenhange herausgenommen werden.
Beginnen wir mit dem Rhythmus! Aber sogleich muß die wenig erfreuliche
Vorbemerkung gemacht werden, daß über den Rhythmus des mittelalterlichen Chorals durchaus keine einheitliche Meinung besteht. Es bleibt daher
zunächst nichts anderes übrig, als wenigstens in aller Kürze, vom Gesichts-
punkt unserer Frage aus, einen Überblick über die Theorien zu geben. Die
eine Richtung nimmt Gleichmaß aller Töne und Taktlosigkeit an, und beide
Punkte für den gesamten mittelalterlichen Choral genau so wie für die
Gregorianik. Wenn sie tatsächlich recht haben sollte, so wäre, will es scheinen,
viel wider die eigene Art unseres mittelalterlichen Chorals entschieden. Denn
Taktlosigkeit würden viele als fremd empfinden; aber die Berechtigung, sie
als fremd zu bezeichnen, wäre erst zu prüfen[42]. Eine andere Richtung geht
davon aus, daß der Wortakzent und ein irgendwie zu konstruierender Takt
maßgeblich sei — aber auch die Richtung macht ihre Annahmen für Gregorianik wie für mittelalterliches Choralschaffen. Und so untergraben diese
Theorien, ob nun die des Wortakzentes, die des Gleichmaßes, des Taktes, der
Taktlosigkeit oder anderer Grundsätze, die hier, weil weniger belangvoll,
übergangen werden dürfen — ihre eigene Basis durch die Absicht, eine Uni-
versallösung zu sein. All diese Richtungen setzen voraus, daß 12 oder mehr
Jahrhunderte kein Wechsel in der rhythmischen Auffassung und Gestaltung
stattgefunden habe. Diese Voraussetzung ist keineswegs selbstverständlich
und für die Musikgeschichte von 1400 bis 1900 beispielsweise nicht gegeben.
Der Verfasser hat seine rhythmischen Anschauungen in früheren Veröffentlichungen dargelegt, so daß er darauf verzichten kann, sie hier zu beweisen[43].
Es wird dabei keine Universaltheorie aufgestellt; damit wird aber nun nicht
in entgegengesetzter Weise eine Antwort auf unsere Frage vorweggenommen,
sondern Ausgangspunkt der Beweisführungen bildeten die objektiven Schrift-
zeichen, und wo die rhythmische Schrift aufhört, behelfsweise statistische
Untersuchungen.

42 Vgl. Br. Maerker: Gregor. Gesang u. Dt. Volkslied, in Jb. f. Volksliedf. 7/1941.
43 Der Gregorianische Rhythmus 1937: ferner: Archiv. f. Mf. 1943: Rhythm. u. tonale
   Studien zur Musik der Antike u. des Mittelalters. II. Auf dem Wege zum Mittelalter sowie: Acta musicologica 23:1951, S. 1: Rhythmische u. tonale Studien zur
   älteren Sequenz. Hinsichtlich der Notenbeispiele sei übrigens erwähnt, daß der
   jeweilig von mir gewählte Rhythmus einen hohen Grad von Wahrscheinlichkeit
   besitzt. Unbedingte Sicherheit aber gibt es hier selten.

Doch noch ein Wort zu dieser Unsicherheit in der rhythmischen Deutung: Sie hat an sich äußere Ursachen; die Schrift des Mittelalters verzichtet seit dem 11./12. Jahrhundert auf rhythmische Angaben. Aber wie kommt es zu diesem Verzicht? — Die Neumenschrift hat sich in drei Stufen entwickelt. Die Neumen der echten Gregorianik verzichteten auf genaue Festlegung sowohl der Tonhöhe wie der Tondauer. Tonhöhe und -dauer waren offensichtlich zweitrangig gegenüber der Tonbewegung als solcher, die vom Texte veranlaßt oder bedingt und irgendwie typisch gestaltet war[44]. Sie waren nicht belanglos; denn diese Gesänge sind Kunstwerke, und Rhythmus und Tonart sind so wesentliche Bestandteile der künstlerischen Gestalt, daß sie nicht zu entbehren sind. Die genauere Untersuchung ergibt, daß dieser Rhythmus oder diese Tonalität durchaus nicht primitiv sind. Aber auf ihre exakte Niederschrift konnte man verzichten.

Die „zweite" Stufe ist dadurch gekennzeichnet, daß man versucht, den Rhythmus und die Tonhöhe festzulegen. Diese Versuche beginnen anscheinend mit der aquitanischen, d. h. gallikanischen Schrift; für den gallikanischen Bereich ist dieses Bestreben wohl mehr oder minder wesensgemäß und ursprünglich, und in etwa mit der Gregorianik gleichaltrig. In der gallikanischen Musik ist also, wie man annehmen muß, die Aufmerksamkeit viel stärker auf Rhythmus und Tonalität gerichtet als in der gregorianischen. Es ist wohl ein recht sichtbares Zeichen für den verschiedenen Charakter beider Musiken, daß die gregorianische sich hauptsächlich aus den Betonungszeichen, den Zeichen der melodischen Gestaltung der Wörter, die gallikanische sich wesentlich aus den Längenzeichen, den Zeichen der Klanggestaltung der Silben, entwickelte, und man darf dies um so mehr sagen, als diese Längenzeichen so angeordnet sind, in Vorandeutung unserer Schrift, daß auch die Tonhöhe einigermaßen gegeben ist. Diese Schriftversuche gewannen aber in der Zeit des karolingischen liturgischen Einigungswerkes auch in der gregorianischen Schrift Boden. Hier versuchte man durch Zusatzzeichen und Unterschiedlichkeiten die gallikanischen Möglichkeiten sich zu sichern[45]. Für den gregorianischen Bereich muß man also von einer zweiten Stufe reden. Wir dürfen sie von etwa der Mitte des 8. bis zum 11. Jahrhundert ansetzen.

Und nun hört man auf einmal auf, dergestalt den Rhythmus anzudeuten. Geriet man also wieder in stärkere Abhängigkeit der alten Gregorianik, in Abhängigkeit Roms? Denn dies ist noch zu bemerken: diese Zusatzzeichen,

---

44 Vgl. Studie des Verfassers: Sinn und Wesen der Choralnoten- und Neumenschrift. St. Wiboroda, Jgg. 7, S. 50 ff.
45 Über diese Einwirkungen der gallikanischen Schrift auf die gregorianische vgl. meinen Aufsatz: Zur Entwicklung der Neumenschrift im Karolingerreich. Otto Glauning zum 60. Geburtstag, 1936, ferner: die Essener Neumenhandschriften, Ratingen 1953, sowie: Die paläofränkische Neumenschrift, in Scriptorium 7/1953.

diese „rhythmischen Neumenschriften" waren eigentlich nur im Frankenreich zu Hause und auch hier nicht gleichmäßig, außer in Westfranzien vor
allem in Schwaben, weniger in Bayern oder Franken; in Italien mehr spora-
disch, stellenweise bloß sekundär. Man gab ferner die „Hakenneumen" der
Gregorianik preis, jene Zeichen, welche aus dem alten Spirituszeichen der
Grammatiker erwachsen waren und welche wahrscheinlich irgendwelche
stimmlichen Nachdrücke und Verschleifungen bedeutet hatten. Noch beacht-
licher aber: auf dem Gebiete der Tonhöhenfixierung fand durchaus kein
Rückschlag statt. Immer erneut machte man Versuche, bis man endlich die
Grundsätze unseres Liniensystems sich erarbeitet hatte.
Aber warum denn bei der Rhythmik der Verzicht auf das, was man bisher
schon errungen hatte? Gewiß, die damaligen Musikschriftsteller klagten, daß
die Zusatzzeichen zweideutig und zwecklos seien. Aber den Lehrern oder
Vorläufern dieser Schriftsteller hatten sie doch geholfen. Man gibt bisweilen
als Antwort, daß die Gesänge infolge des Gleichmaßes rhythmisch so einfach
waren, daß ein rhythmisches Schriftproblem nicht bestand. Aber die Zusatzzeichen beweisen, daß vorher kein Gleichmaß bestand. So bleiben nur zwei
Antworten übrig: entweder begriff man diese Rhythmik nicht mehr und
verzichtete deswegen darauf, sie zu fixieren: dann mußte in notwendiger
Folge diese Rhythmik bald zusammenbrechen; oder dieser Zusammenbruch
war bereits eingetreten; man sang tatsächlich bereits im Gleichmaß oder doch
einer Vorstufe zu ihm. Der Unterschied beider Antworten ist gering. Die
Wahrscheinlichkeit spricht dafür, daß die Schrift als Niederschlag des wirk-
lichen Lebens den Wechsel der Praxis verspätet anzeigt — vielleicht um ein
Jahrhundert verspätet. Der Bruch mit der alten Rhythmik wird im übrigen
je nach Land oder besser Kloster oder Kirche verschieden spät eingesetzt
haben. St. Gallen, damals ein sehr konservativer Ort, wird die alte Rhythmik
z. B. länger bewahrt haben als etwa Reichenau[46].
Der Bruch mit dem altgregorianischen Rhythmus im Mittelalter bedeutet
nun: Der freie Rhythmus, der zwar nicht überall, jedoch im Kernbestandteil,
nämlich der Psalmodie, vorlag, wurde nicht verstanden. Wir können beobachten, wie man versuchte, ihn taktmäßig umzuformen. Ich bringe einige Beispiele
Hartkers, des Schreibers des nach ihm benannten hochwichtigen Antipho-
nars, eine Zeile aus einer Antiphon mit psalmodischem Einschlag oder eine
psalmodische Formel selber, und stelle ihnen die vermutete echte Art (wie sie

---

46 Wenn die Vertreter jener Anschauung, die das heutige Gleichmaß als ursprünglich betrachten möchten, die Zeichen der rhythmischen Neumen als Zeichen für
„Nuancen" bagatellisieren wollen, so müssen sie doch zugeben, daß das eigentliche Mittelalter seit etwa dem 11. Jahrhundert mit dieser einst so gepflegten
Kunst der Nuancen gebrochen hat. Auch dies wäre schon bedenklich und würde
bekunden, daß ein neuer Geist und ein neues Blut die Gregorianik erobert hat.

sich aus Hartkers Umdeutungsversuchen und anderen nicht umgedeuteten
Stellen ergibt) und die heutige, „neugregorianische" Art gegenüber.

Diese heutige, aber einigermaßen auch schon im Mittelalter vertretene Art
zeigt, daß den Versuchen der taktmäßigen Neugestaltung bei Hartker kein
Erfolg beschieden war.
Dabei wurde die ausgestaltete Rhythmik zum Gleichmaß der Töne verein-
facht. Man hat diesen Vorgang mit dem Organum in Verbindung gebracht.
Das Wesentliche ist aber anscheinend für die Organa, daß man Ton gegen
Ton setzte[47] und somit Einzeltöne hörte, also entweder schon von diesem
Gleichmaß ausging oder sich doch auf dem Wege zu ihm befand.
Das Ergebnis der Umgestaltung ist natürlich ein ganz neuer Rhythmus[48]: An
die Stelle der ornamentalen Töne traten konstruktive Töne; wenigstens
erwecken die Töne nunmehr den Eindruck, als ob sie gefügt seien. Und der
„Nombre musical" des genialen Mocquereau, das Handbuch der gregoria-
nischen Rhythmik, das man als Historiker für die ursprüngliche Gregorianik
ablehnen muß, das aber als Lehrbuch für die heutige Praxis nicht zu unter-
schätzen ist, erweckt doch mit seiner Lehre von den betonten und unbetonten
Tönen (mit oder ohne „Iktus"), von den einfachen oder zusammengesetzten

---

47 Von der Diaphonia basilica natürlich abgesehen, die noch ausdrücklicher Einzeltöne hört. (Hierüber sollen Studien zu den „Anfängen abendländischer Musik"
berichten.)
48 Er befindet sich außerhalb des Taktes, und je mehr im Verlauf der abendländischen Musikgeschichte dieser Takt zu einer Schwere-Ordnung wird, auch außerhalb aller „irdischen Schwere"; er ist mit seinen formenden Kräften, die natürlich
nicht vernichtet, sondern nur geschwächt, verdeckt sind, einer unerschütter-
lichen, sozusagen objektiven Ruhe eingeordnet und wird so als Gegenbild der
aus den natürlichen musikalischen Kräften sich ergebende Taktordnung, aber
doch als musikalische Ordnung gewertet.

Rhythmen, von der Vertonung der Silben, Wörter, Einschnitte, Sätze den Eindruck, als ob diese Musik tatsächlich „gebaut" sei. Das Problem zu erörtern, das sich nun auftut, wie eine ornamental erfundene Musik durch einen Rhythmuswechsel wenigstens scheinbar konstruktiv werden kann, führt uns zu weit[49]. Es ergeben sich aber mehrere Folgerungen: man wird unter Umständen durchaus nicht von Einflüssen des „gregorianischen Rhythmus" reden dürfen; es ist vielleicht oft gar nicht die Gregorianik, sondern das Bild, das man sich im Mittelalter (oder heute) von ihr macht, das man nachahmt. Diese „Neugregorianik" stellt eine Neugestaltung der Gregorianik durch den abendländischen Menschen dar[50].

Damit wird aber die „Neugregorianik", wenn ich so diese umgestaltete Musik bezeichnen darf, in einem gewissen Sinne zu einem Außenbezirk des mittelalterlichen Chorals, und die bisherigen Ausführungen waren also keine Abschweifung. Freilich — wenn ein Außenbezirk, dann ein so großer und gewichtiger, daß man sofort auch ein erdrückendes Mißverhältnis feststellen muß. Zwar ist die Zahl der Neukompositionen insgesamt größer als die der übernommenen, aber sie traten einzeln einem geschlossenen Ganzen gegenüber, und auch was die technische Leistung anbetrifft, konnten jene den Gradualresponsorien, Allelujas oder Offertorien nicht die Waage halten — wie sich auch aus dem Bescheiden der Komponisten diesen fast nie nachgeahmten Formen gegenüber ergibt. So ist es denn eigentlich zwangsläufig bedingt, daß auch im Laufe des Mittelalters die Neukompositionen ihren Rhythmus gegenüber dem neu aufkommenden oder aufgekommenen Gleichmaß der Gregorianik anpassen mußten und mit in den „Zusammenbruch" der Taktlosigkeit gerissen wurden. Wenn einmal im Spätmittelalter das Interesse sich fast restlos der Mehrstimmigkeit zugewandt hatte, wie kann man da etwa bei einem Offizium — auch wenn es gereimt und versisch ist, wenn es aber mitten zwischen gregorianischen Gesängen in einem Antiphonale aufge-

---

49 Einige Anmerkungen dazu bringt ein kleiner Artikel in Musik und Altar: „Die verschiedenen Vortragsarten des gregorianischen Chorals", 5/1952-53.

50 Und dadurch, daß der greg. Choral abendländisch wurde, redet er nicht in einer absolut unverständlichen Fremdsprache zu uns. Hier ist zweifellos ein Ansatzpunkt im Sinne von Fr. Blumes wegweisender Schrift „Rasse und Musik", um einige Feststellungen zu treffen: Die „Rezeption" der Gregorianik findet nicht ohne rhythmischen Wandel statt. Zwar mögen einige Punkte der jugendlichen Haltung der neuen Völker zugeschrieben werden, wie etwa das Gleichmaß, oder sind als mehrdeutig auszuschalten wie der freie Rhythmus. Was unterscheidend bleibt, ist der Ersatz der ornamentalen Musikauffassung oder -haltung durch eine mehr architektonische und ist im somatologischen Bereich der Ersatz der durch Hakenneumen angedeuteten stimmlichen Nachdrücke durch den Iktus, d. h. in der Richtung auf die Schwere hin, ist vielleicht auch die Wendung der Aufmerksamkeit von dem durch die Aussprache geformten Ton auf den instrumentalabsoluten Ton, von der Tonbewegung auf den Einzelton. (Vgl. Archiv f. Mf. 192, S. 62, und vor allem Fellerer, Dt. Gregorianik im Frankenreich, Regensburg 1941, S. 60.)

zeichnet ist, oder bei einer Sequenz, die nach dem Alleluja erklingt — und wenn ferner die Schrift keinerlei Hilfsdienste leistet, nicht einmal die Textanordnung ohne weiteres den versischen Bau erkennen läßt —, wie kann man da erwarten, auf die Dauer, d. h. etwa für das späteste Mittelalter, andere als (neu-)gregorianische Rhythmen zu hören?[51]

Erleidet der gregorianische Rhythmus nun eine Umgestaltung von so grundlegender Art, so wird es überaus wahrscheinlich, daß die Gesänge des Mittelalters (in ihrer ursprünglichen Gestalt) nicht von dem gregorianischen Rhythmus geformt worden sind. Weil aber ihr Rhythmus, mit dem wir uns nunmehr befassen wollen, nicht durch die Choralnotation festgehalten worden ist, wird man leicht zu der Annahme verleitet, daß wenigstens dieser verborgene Rhythmus einheitlich gewesen sei. Sowohl die rhythmische Neumenschrift als auch angestellte stilistische Untersuchungen haben aber ergeben, daß in Wahrheit eher eine große Vielheit von Rhythmen vorliegt, die sich nach Formen und Zeiten unterscheiden lassen und die wir also durchmustern müssen, ehe wir zur Antwort auf unsere Frage in der Lage sein werden. Dabei scheint es mir empfehlenswert, nach Zeitabschnitten und nicht nach Formen vorzugehen, auch wenn einzelne Wiederholungen nicht zu vermeiden sind: Es kommt uns ja nicht auf gewisse, mit den Formen gegebene und mit ihnen von Zeitalter zu Zeitalter weitergereichte Rhythmen, sondern auf den Wandel der Auffassung, den Wandel des rhythmischen Sinnes an.

Vielleicht ist es nun gegeben, diese Zeitabschnitte nach dem Vorbilde der Schriftentwicklung zu bilden, so daß wir, wenn wir des Vergleiches halber die Gregorianik und christliche Antike miteinbeziehen und ferner noch den letzten Abschnitt in zwei Hälften zerlegen, vier Perioden zu erörtern hätten: eine gregorianisch-frühchristliche bis zum 8. Jahrhundert, eine merowingisch-karolingische, in der sich die rhythmische Schrift entfaltete, bis etwa zum 10. Jahrhundert, eine ottonisch-salische bis etwa zum 12. Jahrhundert, und als Ausklang eine spätmittelalterliche. (Natürlich gehört dabei die erste Periode nicht eigentlich zum Thema der Untersuchung.)

---

51 Vielleicht fragt man, warum denn nicht wenigstens die neuen Kompositionen rhythmisch aufgezeichnet wurden. Zweifellos lohnte es sich nicht angesichts des so ungeheuren Verzichtes bei der Gregorianik, für die so viel einfacheren Neukompositionen, eine rhythmische Schrift zu erfinden; ebenso wie man bei dem Minnesang oder der Troubadourmusik meist auf rhythmische Aufzeichnung verzichtete. Ein Zwang entstand erst durch die Mehrstimmigkeit. Im übrigen wandte man sich im 11.—12. Jahrhundert auch von der Musik der vergangenen Jahrhunderte, d. h. den älteren Neukompositionen, ab, so daß es bei manchem Tropus (besonders zu Propriumsliedern) oder bei einigen Sequenzen nicht mehr möglich ist, eine nicht-neumatische Aufzeichnung zu finden. Auf dem Wege über diese älteren Tropen oder Sequenzen konnte also die rhythmische Neumenschrift kaum nachwirken.

Der spätmittelalterliche Rhythmus

Das wesentliche Merkmal der Rhythmik seit dem 11./12. Jahrhundert ist die sprachgebundene hebige Ordnung, also eine Art Takt[52]: die Hebigkeit, d. h. die Hervorhebung einzelner Töne vor anderen, ferner die Ordnung, daß die Hebungen gleichen Abstand voneinander wahren, und letzthin die Bindung dieser Hebungen an die sprachlichen Akzente[53]. Ergänzend treten zu diesem „Takte" hinzu die Zusammenfassungen der Takte zu übergeordneten Größen und die Unterteilungen der Silbenwerte. Diese Merkmale gehören auch der heutigen Musik zu, jedoch in ungleich ausgebildeterem Maße als der damaligen; sie gehören aber auch den einzelnen Gattungen des mittelalterlichen Chorals nicht in gleicher Weise zu. Dabei unterscheidet sich der Takt in folgendem von dem heutigen echten Takte: die Sprachbedingtheit hat sich heute verloren; die Sprache war damals notwendige Stütze der Hebungen, wie überhaupt des rhythmischen Fortschreitens, indem, wenn möglich, jede Silbe eine Zählzeit oder einen Taktteil darstellte. Ferner aber fielen rhythmische Ordnung und rhythmische Bewegung zusammen[54]. Dieser Takt war

---

52 Der Takt ist einigermaßen beweisbar, wie erwähnt wurde. Hier seien kurz die Beweisgründe angeführt, wobei ich späteren Studien — insbesondere über die Cantio — eine genauere Beweisführung vorbehalte; bei der Cantion, zum mindesten der volksliedmäßigen, ist er gegeben durch die primitive Form; hier würde vielmehr jedes Abweichen vom Takte zu Komplizierungen führen, die ihrerseits unter Beweis zu stellen wären. Bei den Hymnen ergibt sich eine takt-ähnliche Ordnung mit Wahrscheinlichkeit aus dem Erbe der 2. (oder 3.) Periode unserer Einteilung. Dort kann er aus der Regelmäßigkeit, mit der die damaligen Unterteilungen einzelne Stellen des rhythmisch-versischen Gebäudes aufsuchten oder mieden, erschlossen werden; das rhythmische Schema, das im Versgebäude sich offenbart, ist auch im musikalischen Bereich als wirksam zu erkennen. Ähnliches gilt von der Sequenz; auch hier ergibt sich der Takt vom Verse her bei großer melodischer Einfachheit und aus Gründen der Entwicklungsgeschichte. Am schwierigsten ist ein Beweis bei den Offizien. Hier hilft der Vergleich mit den Hymnen, vor allem bei den Offizien mit „rhythmischem" Texte, d. h. mit Texten aus 4- oder 5hebigen Versen, ferner aber der Rückblick auf die entsprechenden Offizien der vorangegangenen Epoche. Bei diesen, das sei hier vorweggenommen, vor allem bei den Prosaoffizien des 10.—11. Jhs, wird man von der Kompositions-form des Wortes auszugehen haben. Die Vertonung erfolgte nach gewissen, leicht zu erkennenden Regeln. Wird diesen Regeln entsprechend übertragen, so stellt sich heraus, daß die Komponisten taktisch komponiert hatten. Natürlich ergeben die Beweisführungen zumeist nur eine, wenn auch große Wahrscheinlichkeit. Sie bestehen letzthin in der Deutung eines statistischen Materials.

53 Wenn die lateinische Sprache, etwa im Munde silbenzählender Franzosen, die Akzente (auch in der Dichtung) vernachlässigt, so fällt diese Bindung natürlich weg, und an ihre Stelle treten die Bindungen an die durch Zählung hervor-gehobenen Silben.

54 Die Fortentwicklung vollzog sich in zwei großen Perioden: Die Gotik — oder bleiben wir bei musikalischen Stilbezeichnungen — die „ars nova" hatte in großer Kühnheit vermittels der schnell und großartig entwickelten Mensuralnotation sowie der Gegebenheiten der Mehrstimmigkeit das taktische Gefüge frei errichtet (taktisch sei dabei noch ohne „Taktschwere" zu verstehen). Die Stimmen

also nicht allen Choralformen in gleicher Weise und in gleichem Maße zu
eigen. Die späten und einfachen Melodien der Cantionen zeigen Vollbesitz
des Taktes.

Eine Erörterung ist hier überflüssig. Es ist aber interessant, wie die Cantio-
Sänger die Gregorianik sahen. Ich bringe zunächst ein Beispiel für ein
„Melisma", dessen melodischer Verlauf deutlich taktmäßig geformt, „gebaut"
worden ist.

setzten ein, wie der Komponist in seiner Berechnung es für gut hielt. Bewegung
und Ordnung wurden unterschieden. Die rhythmische Rolle des Textes aber war
folgerichtig äußerst geringfügig. Die 2. Periode begann wesentlich mit der
„musica nuova" — sie begann fast wieder dort, wo die „ars antiqua" geendet
hatte, aber man zog nun die „Schwere" des Taktes und gegebenenfalls des Wortakzentes mit in die Entwicklung zur rhythmischen Freiheit hinein. Mit anderen
Worten: in der Blütezeit des mittelalterlichen Chorals konstituierte der Text
als Hauptfaktor des Rhythmus; in den schwerelosen Konstruktionen der mehrstimmigen spätmittelalterlichen Musik wird er als wenig beachtlich (was natürlich nicht stets heißen soll: ohne Beachtung) eingefügt; in den schweremäßigen
Gebäuden der neuzeitlichen Rhythmik wird er als musikalischer Faktor mit
berücksichtigt. Die Musik läßt ihm oder verhilft ihm zu seinem Recht. Aber sie
ist grundsätzlich eigenständig.

Ferner ein Beispiel, dessen erste Hälfte „gregorianisch" sein will. Es handelt sich bei ihm um eine späte einstimmige Nachahmung des bei den früheren Organa üblichen Wechsels von „freierer" und festgeformter Rhythmik, und man wird an ähnliche Gegenüberstellungen von choral aufgezeichneten und mensural gemeinten Abschnitten bei Liedern Oswald von Wolkensteins erinnert:

41

Der Anfang soll also Gregorianik darstellen, im Gegensatz zum Ende, das sich als „Tropus" gibt. Aber wie weit ist man von ihr entfernt! Auch diese künstliche Gregorianik ist taktisch, nur daß der Takt durch Melismen „quer über die Taktstriche" unsichtbar gemacht wird[55]. Die Hymnen besaßen bereits in der Karolingerzeit taktähnliche Ordnung, indessen war damals die volle Anpassung von Takt und Textakzenten nicht erreicht worden und erwünscht gewesen. Diese wurde erst mit dem 12. Jahrhundert erreicht und wohl auch da nicht allgemein. Der rhythmischen Hymne stand die metrische gegenüber; in dieser waren Längen und Kürzen von Anbeginn geordnet, und bei den antiken Dimetern bedeuteten diese Silbenmaße musikalische Werte; es ist wahrscheinlich, daß seit der Zeit der Iren, die den Vers verwildern ließen, der ursprüngliche Dreiertakt des Textes durch einen Zweiertakt der Musik verdrängt wurde. Es ist aber keineswegs unwahrscheinlich, daß der Dreiertakt sich oft erhalten hat oder nachträglich in dem Neuklassizismus der Karolingerzeit wiederhergestellt wurde[56]. Viel klarer, einheitlicher ist der Takt bei den Sequenzen ausgeprägt. Vor allem berücksichtigen sie viel stärker den Wortakzent, ja, er ist ihnen, wenn auch in anderem Rhythmus, schon bei den „Notkerschen" Sequenzen eigentümlich gewesen. Während aber das 11. Jahrhundert noch den Rhythmus | ♩ ♩ ♩| ♩ ♩ ♩ | verwandte, ist jetzt seit dem 12. Jahrhundert das Ideal der gleichmäßige, glatte Wechsel von Hebung und Senkung: |♩ ♩ ♩| ♩ ♩ ♩| oder beim Schlußverse der Strophen |♩ ♩ ♩ ♩|♩ ♩ ♩ | Vom Rhythmus des Offiziums sei bei der dritten Periode die Rede, da er sich dort entwickelte. Aber auch bei ihm tritt im Verlauf des 12. Jahrhunderts,

---

55 Eine ähnliche Mischung von Scheingregorianik und taktierendem „Tropus" enthalten auch viele der spätmittelalterlichen Allelujagesänge. Ich bringe ein Beispiel:
Scheingregorianik: *Alleluja*
  1. Vers: *O Maria rubens rosa,*
    Delicatum lilium.
Vorgetäuschter Tropus: *Summum caeli gaudium,*
    Et spes in te credentium,
    O virginum regina.
  R: *Alleluja, alleluja*
    Tibi canentes subleva,
    Tu rutilans aurora.
Scheingregorianik: 2. Vers: *Dulcis, mitis et formasa,*
    Summum caeli gaudium.
Vorgetäuschter Tropus: *Maria candens lilium*
    Da videre filium
    Post hoc exsilium.
  R. *Alleluja (usw.).*
Scheingregorianik: 3. Vers usw. bis zu einem gregorianisierenden Melisma.
Vgl. auch A. Schmitz: Ein schles. Cantional. Archiv f. Musikforsch. 1936/385.
56 Die Neumierung der Hymne des Paulus Diaconus: *Homo quidam* (vgl. Poetae Latini aevi Carolini 4, 537) in der Hs. London 19768 (aus Mainz?) läßt „Dreiertakt" vermuten.

vor allem seit Julian, ein Ausgleich zwischen Takt und Taktakzent ein. Die Herrschaft des sprachgebundenen „Taktes" beginnt[57].

Wenn hier vom Takt die Rede ist, so handelt es sich zumeist um den zwei-teiligen Takt oder seine Erweiterung, den vierteiligen. Doch ist der Dreier-takt nicht völlig ausgeschlossen. Wir erwähnten ihn bereits bei der Hymne. Wir begegnen ihm auch bei spätmittelalterlichen Sequenzen.

5

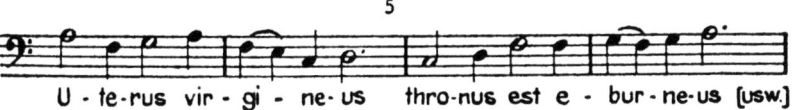

U - te-rus vir - gi - ne- us   thro-nus est e - bur - ne-us [usw.]

Bei einigen Arten der Cantio, insbesondere den Benedicamus-Liedern, scheint er Regel gewesen zu sein; bei anderen fällt die Entscheidung schwer. Bei der engen Nachbarschaft zwischen Cantio und Volkslied kann dieser Dreiertakt nicht verwundern.

Diesem Takte also, d. h. der gleichmäßigen Ordnung von Hebung und Sen-kung, entspricht nun eine Ordnung der Unterteilungen und entspricht eine Ordnung der Takte zu Taktgruppen.

Vor allem die Hymne liebte die Unterteilungen, und zwar in zunehmendem Maße, und doch läßt sich bei ihr am wenigsten etwas Zuverlässiges aussagen; nicht einmal das ist unbedingt sicher, ob es sich tatsächlich bei diesen kleinen Melismen um Unterteilungen handelt[58]. Doch darf als überaus wahrscheinlich festgehalten werden: bei den Hymnen haben die „Unterteilungen" die Auf-gabe, die melodischen Spannungen zu verschärfen oder aber einzelne Töne hervorzuheben oder Einschnitte zu überbrücken. Das sind zwar zunächst und zumeist melodische Aufgaben, aber sie treten ferner als Hervorhebungen in den ersten Takthälften oder besser in Verbindungen mit der Hauptzählzeit („nach dem Taktstriche") der $^4/_4$- (oder $^6/_4$-) Takte auf, als Zäsurüber-brückungen dagegen in der zweiten Takthälfte. Sie stehen also im Dienste des Aufbaus.

---

57 Jetzt, wo dieses Ideal der gleichmäßigen Folge von Hebung und Senkung sich durchgesetzt hat, ist der Einfluß einer organalen oder modalen Ordnung an sich möglich, die W. Lipphardt — um Jahrhunderte verfrüht — für die eigentliche Gregorianik postuliert. (Eine Klarstellung dessen, was an Lipphardts Thesen richtig ist, muß an anderer Stelle erfolgen.)

58 Diese Zweifel entstehen dadurch, daß die Überlieferung sehr spät, im 11. Jh., fast erst im 12. Jh., einsetzt, also mit unserer 4. Periode; daß aber ferner bei keiner anderen Choralgattung die Form so stark verändert werden durfte und wurde. Können wir doch beobachten, wie bei der Einsiedler Hs. 366 ein zweiter Schreiber die kurz vorher aufgezeichneten Hymnen verbessert, die Melismen vergrößert, Töne hinzufügt, aber nicht bloß anhängt, sondern auch vorsetzt.

6

Iam lu-cis or - to si - de-re De-um pre-ce- mur sup-pli-ces

Bei den Sequenzen sind die Melismen späte Eindringlinge aus dem Bereich der Hymne. Dasselbe gilt von den Offizien. Man muß hier davon ausgehen, daß die Melismen seit der Ottonenzeit, seit Hucbald in der Regel keine Unterteilungen darstellen. In der Stauferzeit aber scheinen einige Melismen die taktische Struktur, wie kleine Profilationen eine architektonische Gliederung, stärker hervorzuheben[59]. Das staufische Karlsoffizium[60] diene als Beispiel:

7

Re - ga - li na - tus de stir - pe

de - o - que pro - ba - tus [usw.]

An - ge - li - ci cul - - tus dul - ce - di -

ne mi - les a - dul - tus [usw.]

---

59 Erwähnt seien ferner die Großmelismen der spätmittelalterlichen Offizien, obwohl sie kaum aus Unterteilungswerten bestehen. Sie haben gern die Aufgabe, Anfang oder Schluß, vor allem aber den Anfang hervorzuheben, wie ein großes Portal die Front gliedert. Auch dies ist eine konstruktive Aufgabe, und dementsprechend sind solche Großmelismen in keiner Weise mit den sog. Interpunktionsmelismen der Gregorianik in Zusammenhang zu bringen, die der gregorianischen Tendenz, den Text von der melodischen Entfaltung zu trennen, entsprechen und melodisch, d. h. als ornamentale Entfaltungen der rezitativisch-psalmodischen Stimmbewegungen zu verstehen und Anhänge sind.

60 Ich halte mich an meine Übertragung des Karlsoffiziums „Regali natus" von 1937, abgesehen von der Verdoppelung der Werte; es ergibt sich nämlich, daß die Takte vor den Reimsilben sehr häufig Dreiertakte sind. (Diese Beobachtung war mir damals entgangen; man wird mir also nicht vorwerfen können, daß ich meine

Die mittelalterlichen Melismen (auch die der 3. Periode) lieben also die Stellung unmittelbar vor dem Schluß (des Gesanges oder des Satzes) und wollen diesen vorbereiten. Stehen sie aber auf der letzten Silbe, so wollen sie die Pause überbrücken und stehen auf diese Weise wieder im Dienste der Konstruktion. Sogar die kleinen Torculusfiguren verhalten sich verschieden: In den Gesängen des Mittelalters finden sie sich zumeist auf der Silbe vor dem Schlußakzent und in Sekund- oder Terzlage, als Spannungssteigerungen, in

---

damalige Übertragung auf diesen Rhythmus hin angelegt habe.) Diese Dreiertakte lassen sich als Dehnungen der „paenultima" verstehen. Denkbar ist auch ein Zweiertakt. Dann müssen natürlich Unterteilungswerte entstehen. Die Wirkung ist die gleiche. Rhythmen, Paenultimadehnungen oder Unterteilungen, kräftigen die Struktur der Gesänge, auf die es also ankommt.

der Gregorianik sind sie als Schlußfiguren seltener, befinden sich aber auf der Prim und der letzten Akzentsilbe oder der Schlußsilbe überhaupt[61].

Die symmetrische Gruppierung der Takte ist bei den Cantionen gegeben; aber auch der vierhebige Vers der Hymnen, der vierhebige Vers auch der Sequenzen und der rhythmischen Offizien, wie er zum mindesten auf deutschem Boden herrscht[62], bietet ohne weiteres die Grundlage zur symmetrischen Gestaltung, und seitens der stilistischen Gesetze der Choralgattungen können höchstens die Responsorien, die zu großen Melismen verpflichtet sind, diesem Triebe zur symmetrischen Gestaltung[63] Schwierigkeiten bereiten. Genauer sei hierauf bei der dritten Epoche eingegangen.

Ich fasse kurz zusammen: Der glatte Rhythmus des spätmittelalterlichen Chorals ist vom Takte beherrscht, der vielleicht zumeist ein gerader Takt ist, aber doch bereits den Gegensatz zum Dreiertakt kennt, der vor allem den Gegensatz zum bloßen Abzählen kennt. In dieser Rhythmik aber sind Bewegung und Ordnung, Erscheinungsbild und System noch nicht getrennt. Die Cantio zeigt am besten, was er gegenüber der früheren Zeit erstrebt.

Die ottonisch-salische Epoche (ca. 950—1150)

In ihr ist der Sprachakzent stellenweise noch nicht zur vollen Herrschaft gelangt, der Takt selber aber noch nicht Gestaltungsgegenstand derart, daß etwa dem Normaltakte eine andere Taktart ergänzend zur Seite getreten wäre. In ihr bilden sich vielmehr die einzelnen Elemente: Takt, Unterteilungen, Zusammenfassungen, in dem für das Mittelalter eigentümlichen architektonischen Sinne erst aus. Man beginnt die Zeit so zu erleben, daß sie aus einzelnen Zeitabschnitten zusammengefügt erscheint, und es werden also wichtige und unwichtige Abschnitte unterschieden — aber noch nicht in dem Maße, daß man über den einfachen Wechsel hinaus sich wagte oder gar frei zu konstruieren gedächte.

Bei den Hymnen ist das Wesentliche bereits im Vorhergehenden gesagt worden: man darf aber annehmen, daß in der ottonischen Periode jene verwickelten Rhythmen sich noch nicht gebildet haben.

Die Sequenz dagegen ist taktfrei gewesen. Bei ihr ist die bauende Rhythmik erst neu zu schaffen: bei ihr also bildet sich jener oben erwähnte Rhythmus | ♩ ♩ ♩| ♩ ♩ ♩| aus, der nur unbeachtlich durch kleine Auftakte oder einen eingeschobenen 3. Takt variiert wird. In diesem Rhythmus kann also oft die

---

61 Vgl. des Verfassers: Antiphonen d. rhein. Reimoffizien. Rom 1930, S. 33.
62 Frankreich huldigt dagegen, wie bei anderen Gesängen, so auch beim Offizium dem Zehnsilbner.
63 Julian aber schafft in seinen Responsorien neue Symmetrien. Vgl. das Responsorium: *Optans fore*, bei welchem dem ersten Verspaar 2×2, dem nächsten Verspaar 3, dem melismatischen dritten Verspaar aber 7 Takte entsprechen. (2 + 2 + 3 =) 7:7.

Senkung fehlen: es bedeutet dies aber keine Störung, sondern fast eine Steigerung der Architektonik.

8

Vic - ti - mae pasdha-li lau-des im -mo - lent Christi - a - ni.

A - gnus re - de-mit o - ves, Chri-stus in - no-cens
Mors et vi - ta du - el - lo con-fli - xe - re mi -

Pa - tri re - con - ci - li - a - vit pec-ca - to - res.
ran - do, dux vi - tae mor-tu - us re-gnat vi - vus.

Dic no-bis Ma - ri - a, quid vi-di-sti in vi - a? Se-pul-crum
An - ge - li - cos te-stes, su - da-ri-um et ve-stes. Sur-re - xit

Chri-sti vi - ven-tis et glo - ri-am vi-di re-sur - gen-tis,
Chri-stus,spes me - a, prae-ce-dit su - os in Ga-li - lae - a.

Cre - den - dum est ma- gis so - li Ma - ri - ae ve -
Sci - mus Chri-stum sur-re - xis - se ex mor-tu - is

ra - ci quam Ju-dae-o-rum tur-bae fal - la - ci.
ve - re; tu no-bis, vic-tor rex, mi-se - re - re.

Schwieriger liegen die Verhältnisse beim Offizium, d. h. beim Prosaoffizium; nicht daß der Takt hier fehlt, aber ihm geht die Grundlage ab, jener oben erwähnte Wechsel von Hebung und Senkung. Hier bringt erst das rhythmische Offizium einen allmählichen Wandel[64], während die hexametrischen Offizien den prosaischen gleichzusetzen sind. So hat es der architektonische

Gedanke schwer, sich durchzusetzen. Auch muß die von der Gregorianik überkommene Melismatik umgestaltet sowie die unarchitektonischen psalmodischen Elemente überwunden werden. Dabei bemüht man sich, dem Satzbau bei der Komposition nachzugehen und war dadurch oft verhindert, einen scharfen, harten Taktakzent zu gestalten. Der Takt wird aber durch diese Umstände nicht gefährdet, doch hat der Aufbau ein bunteres Aussehen, ist weniger gleichförmig als der spätere Takt. Wesentlicher ist schon die Rolle der Sprache, wesentlicher ist vor allem folgender Unterschied: der Takt der ottonischen Zeit ist ab und zu verschiebbar. Es ist möglich, daß durch geringe Verschiebung „des Taktstriches", wie wir heute sagen würden, indem Hebungen und Senkungen miteinander vertauscht und vor allem, indem die Zeilen anders abgeteilt werden, neue Gesänge gebildet werden, die ernst genommen werden; ein Beispiel ist die nachträglich entstandene 2. Vesper des Karlsoffiziums, die wahrscheinlich der Vesperantiphon „O gloriosum lumen" des Hermannus Contractus gegenübergestellt werden muß.

64 Das 1. Beispiel des neuen Stils freilich, das Gregoriusoffizium Leos IX., mißachtet gründlich den Wortakzent:

> Gregóriús ortús Romáe
> Ex sé natórum sánguiné
> Fulsit mundó velút gemmá
> Aúro súperáddítá
> Dum praéclarior praéclaris
> His accéssit átavís.

Die Musik folgt freilich bei diesen Akzentwidrigkeiten nicht restlos dem Versrhythmus, sondern gleicht aus. Allerdings muß sie die Melismatik gegenüber den Prosaoffizien einschränken.

Dieser Takt ist also noch nicht mit der Melodie unabänderlich gegeben, sondern er wird ihr gewissermaßen erst aufgeprägt, wie Blendarkaden einer Mauer vorgebaut werden. Wie dies möglich ist, sei bei der Prüfung der Tonalität erörtert[65]. Zu den Unterteilungen braucht hier kaum etwas gesagt zu werden. Waren sie außerhalb der Hymnen in der 4. Epoche selten, so sind sie in der ottonischen Musik geradezu Ausnahmen. Die Tonwerte des Offiziums mögen zwar aus den Unterteilungen der Gregorianik erwachsen sein (wie die der

65 Übrigens läßt sich diese merkwürdige Technik auch in der weltlichen Musik der Zeit nachweisen. Vgl. meine Untersuchungen zur Jenaer Liederhandschrift. Ztschr. f. Musikwiss. 7, S. 282, Anm. 4. Aber auch sonst läßt sich diese „Kompositionstechnik" nachweisen oder vermuten.

salischen Sequenz aus den Kurzwerten der Notkerschen Sequenz [66]), aber sie haben einen völlig neuen Sinn. Die Offiziumsrhythmik dieser Epoche unterscheidet zwischen den langen Tönen am Wortanfang oder -ende oder bei eng zusammengehörigen Worten am Gruppenanfang und -ende, unter Umständen auch beim Sinngipfel und den kurzen, einfachen Tönen zwischen diesen begrenzenden oder um diese hervorhebenden Töne doppelter Dauer herum. Die ehemaligen Ziertöne stehen also nunmehr als vollwertige Töne im Dienste der Wortgestaltung.

Die Zusammenfassung der Takte zu Taktgruppen: herausgegriffen sei das Beispiel der sapphischen Verse. Die Zäsur ist hier entscheidend gewesen[67].

Durch sie wird aus einem Vers: _ ‿ _ _ _ _ , ‿ ‿ _ _ _ ‿

ein Vers:

10

Daß hierbei infolge der Zäsur und der lateinischen Akzentregeln dem Wortakzent eine wunderbare Chance geboten wird, auf die guten Taktstellen zu gelangen, darf wohl nicht dahin ausgelegt werden, als sei er der einzige Faktor. Wir sahen ja, wie spät erst er im Vierhebler zur Geltung gelangte. Wichtiger ist, daß der fünffüßige Vers zu zwei zweitaktigen Perioden umgestaltet wurde, die große Ähnlichkeit miteinander, aber am Eingange einen Unterschied aufweisen: nunmehr stehen sie sich wie Vorder- und Nachsatz gegenüber. Beim Hexameter war der Vorgang ähnlich: auch hier wurde der Vers in zwei Hälften zerlegt, und beide Hälften wurden einander angeglichen.

---

66 Vgl. die Studie „zur älteren Sequenz" a. a. O.
67 Von der Antike zum Mittelalter: Karolingische Hofdichtung, in: Arch. f. Mf. 1943, S. 42.

Dabei erwies sich (infolge der vorgeschriebenen Form des 5. Fußes) die zweite Hälfte als fester ausgeprägt, nach der sich die erste zu richten hatte. (Das Gegenteil ist nur als gelegentliche Ausnahme zu finden.) Sie paßte sich jener also an, beim Schlusse, der weiblich wurde, wie auch beim Beginn, der auftaktisch wurde[68]. Wieder stehen sich 2. Halbsätze mit je zwei Hebungen als Regelfall gegenüber. War nun etwa das Unvermögen, den ganzen sapphischen oder hexametrischen Vers zu überschauen, Ursache dafür, daß diese großen Verse in kleinere Hälften zerlegt wurden? Diese Antwort wäre gleichzustellen einer Anschauung, daß die Umgestaltung des gregorianischen Rhythmus zum Gleichmaß nur eine Folge der jugendlichen Einfalt der neuen Völker gewesen sei. Die mit den Zäsuren verbundenen neuen Rhythmen widerlegen die Einseitigkeit der Antwort. Es scheint vielmehr, daß der Wille zum symmetrischen Bau das neue Gestaltungsprinzip ist. (Und dieser Architektonik zuliebe hatte das Karlsoffizium des 12. Jahrhunderts die Schlußhebung der Teilstücke noch „profiliert".) Daß dabei die Bauglieder wesentlich die akzentische Hebung voraussetzen, ist selbstverständlich.

Den gleichen Willen in der zeitgenössischen Sequenz oder dem Tropus nachzuweisen, verbietet leider der Raummangel. Trotzdem dürfte sichtbar geworden sein, wie die Rhythmik des mittelalterlichen Chorals durch das Bekenntnis zum architektonischen Gedanken, zur gebauten rhythmischen Form gekennzeichnet ist. Es unterscheiden sich aber die beiden Teilabschnitte dadurch, daß die früheren Gesänge (sowie die jüngeren, soweit sie auf dieser Stufe der Entwicklung stehen bleiben) die Unterteilungen meiden sowie noch die Spuren der Herkunft zeigen und den Takt stellenweise wie einen fremden Willen der noch nicht durchgeformten „Tonmaterie" aufzwingen.

Die Spätantike

Wenden wir uns nun des Vergleiches halber der musikalischen Rhythmik der gregorianischen Zeit zu, d. h. der Gregorianik und den ambrosianischen Hymnen. Haben wir auch hier Takt, Unterteilungen, Zusammenfassungen festzustellen, und sind diese rhythmischen Formen denen des Mittelalters gleichartig, falls sie tatsächlich vorliegen? Es interessieren uns vor allem die Melismatik wegen ihrer Beziehung zur Sequenz, die Antiphon, weil an sie die mittelalterliche Offizienkomposition anknüpft, und dann die Hymne des Ambrosius. Aussagen über die gregorianische Melismatik müssen freilich z. Z. mit einiger Zurückhaltung vorgetragen werden. Trotzdem will mir auf Grund der Neu-

---

68 Da dieser Hexameter mehr beim Offizium als bei der gesungenen Hymne und hier wieder mehr bei der Prozessionshymne auftritt, so ist diese Formverwendung ein Grund mehr, den Sprachakzent nach antiphonaler Art mit zu berücksichtigen.

menschrift scheinen, daß die melismatische Musik „Takt", Unterteilung und Taktzusammenfassung kannte. Das sind also Begriffe, die auch beim mittelalterlichen Choral (und der abendländischen Musik überhaupt) verwandt werden müssen.

Aber es bestehen große Unterschiede: der gregorianische Takt ist kein konstruktiver Takt[69], kein Schema, das ausgebaut wird, sondern über seinen Pulsschlag fließt das Ornament der melismatischen Melodie, wobei dieser Pulsschlag beschleunigt oder aber verlangsamt werden kann, damit das Ornament sich recht entfalte[70]. Der Rhythmus der Takte bildet also mit dem Ornamente eine lebendige Einheit, und er setzt mit diesem Leben antike Art fort. Unterscheidet man aber Takt und Ornament, so steht nicht jener, sondern dieses im Mittelpunkte der Aufmerksamkeit, und so sehr, daß seine Töne gezählt werden[71]. Die Melismen sind nun gewissermaßen mit den Kadenzen an Taktakzenten befestigt. Oder, um einen anderen Vergleich zu gebrauchen: sie fließen durch, nein, mit dem Taktrhythmus, um sich mit ihrem Gefälle in den Schlußakzent zu ergießen. Diese Kadenzen insbesondere werden also durch einen Akzent hervorgehoben. Die Unterteilungen sind Ziertöne, die dem Flusse der Melismen kleine Wellen hinzufügen, aber keine konstruktive Bedeutung haben.

11

69 Die Bezeichnung Takt gilt also immer mit diesem Vorbehalte.

70 Vgl. Kirchenmusikalisches Jahrbuch 1951, S. 16 ff.

71 Diese Feststellung verdanken wir P. Lukas Kunz (Aus der Formenwelt des gregor. Chorals. Münster 1946—1950). Kunz irrt nur insofern, als er die Choralrhythmik auf diese Zahlenordnung beschränken will.

qui or-di-na - ve - - runt

te - sta - men-tum e - - - ius

su - per sa - cri - fi - ci - a.

Die Zusammenfassungen aber entstehen entweder dadurch, daß der Strom der Melodie sich über mehrere Takte ergießt, bis er von einer Kadenz aufgefangen wird, oder aber, daß mehrere Kadenzen aneinandergereiht werden. Selbstredend sind konstruktive Teilstücke — etwa am Schluß unseres Notenbeispiels — vorhanden. Die Melodie hat tatsächlich einen Abschluß. Aber trotzdem obwiegt das Gefühl der unbegrenzten Zeit.

Es ist schwer, die für diesen fremdartigen Rhythmus zutreffenden Begriffe zu finden. Hierzu bedürfte es einer eigenen Studie[71a]. Begnügen wir uns also für den vorliegenden Zweck, ihn als ornamental gegenüber dem architektonischen des Mittelalters zu erkennen. Symmetrie bedeutet dann dort ein Sichstützen, Sichverständlichmachen, in der Gregorianik aber eine Gleichheit des Glanzes. Dort endet die Melodie mit Notwendigkeit, da die Antwort gegeben ist, hier, weil die Zahl erfüllt ist, und es obwiegt ein Gefühl der unbegrenzten Zeit. Dort Haupt- und Nebentöne, hier Zier- und unverdeckte Töne. Dort Zusammenfassungen, hier Reihen, Reihungen.

Anderer Art ist trotz einiger Verwandtschaft der antike Hymnus. Er kennt keinen feststehenden Takt, mit Schwerpunkten oder doch Zielpunkten, sondern mißt; und wir haben keine Ursache, von den ambrosianischen Hymnen etwas anderes anzunehmen. Das Beispiel des Augustinus lehrt uns, daß man die christlichen Hymnen den Gesetzen der Antike unterwarf; ob man sie noch voll verstand, sei nicht erörtert; aber noch wurde gemessen, ohne auf Akzent und Schwere und Kadenz-Gefälle Rücksicht zu nehmen. Unterteilungen fehlten anscheinend. Die Zusammenfassungen aber waren nicht architekto-

---

71a Einen weiteren Versuch, diesen Rhythmus begrifflich zu erfassen, sollen meine „Anfänge der abendländischen Musik" bringen. Im übrigen handelt es sich bei obigem Beispiel nur um einen Übertragungsversuch.

nisch in unserem Sinne — d. h. funktionell und mathematisch, sondern noch irgendwie lebendig. Die einzelnen Metren treten als Ganze zueinander in Verbindung, nicht vermittels ihrer Schwerpunkte[72]. Der antiphonale Rhythmus befindet sich — äußerlich gesehen — in der Mitte zwischen Melismatik und Hymnodie. Auch er kennt Takt, Unterteilungen, auch Zusammenfassungen — aber je später das Werk ist, um so ähnlicher ist es dem melismatischen und um so ferner dem hymnodischen Rhythmus: wie das Melisma, so strebt auch die Zeile der Antiphon einem Zielpunkte, einer Schlußkadenz zu. Einige ursprünglich in ihr steckenden konstruktiven Möglichkeiten aber werden vernachlässigt, gehen verloren. Und wie das Melisma, verwendet ein gut Teil der Antiphonen die Zahl als Ordnungselement: sie sind, obwohl fast syllabisch, wahrscheinlich doch ornamental zu verstehen. Die Silben werden nicht mehr gemessen wie bei den Hymnen des Ambrosius, sondern es werden die Wortakzente berücksichtigt. Dabei paßt sich aber die Melodie und der Rhythmus nur eingeschränkt dem lebendigen Worte an; man benutzte vielmehr Formeln.

12

Außer dem Akzente ist der pulsierende Rhythmus zu beachten, der der Hymnodie gegenüber eine Verarmung, eine asketische Vereinfachung darstellt. Der antiphonale, wenn auch syllabische Stil und die Melismatik sind also eng verwandte Teile der Gregorianik und wohl zu trennen von der Hymnodie.

---

72 Vgl. Archiv f. Musikforschung 1943, S. 32.

Der Rhythmus des 8. bis 10. Jahrhunderts

Und nun der Rhythmus der karolingischen und auch merowingischen Zeit? Es liegt nahe, ihn als Übergang zwischen den beiden anderen Stilen zu betrachten. Man würde dann annehmen, daß in diesen Jahrhunderten die einander fremden Elemente der ersten Epoche sich einander anglichen, wie ja noch nach dem 10. Jahrhundert ein solches Zusammenwachsen spürbar ist, und die Elemente des jüngeren Rhythmusstiles sich vorbereitet hätten. In der Tat trifft diese Annahme weitgehend zu — und doch wird sie dem Rhythmus dieser Epoche nicht voll gerecht. Sie mag bei der Hymne am ehesten angebracht erscheinen: Hier mußte nach dem Untergang der antiken Kultur und Musik das rechte Verständnis für die quantitierenden Hymnen verlorengehen und der Unterschied zwischen beiden Hymnenarten zu einer theoretischen Angelegenheit werden. Trotzdem aber schiebt sich das Zeitalter der irischen Hymne ein, d. h. ein Zeitalter, in dem man vorwiegend, stärker als vorher oder nachher, die Silben zählte und nicht maß wie in der Antike, noch sie wertete wie im Mittelalter, insbesondere seit dem 12. Jahrhundert. Ähnlich liegt es bei dem antiphonalen Rhythmus. Er übernimmt Elemente der Psalmodie — d. h. also, er gibt gelegentlich den Takt auf[73].

13

Pri - us - quam   pos - set ad ef - fec - tum   o - pe - ris

per æ - ta - tem cor - po - ris a - scen - de - re,

in ti - mo - re do - mi - no et ex - ul - ta - ti -

o - ne mix - to ti - mo - re cœ - pit de - ser - vi - re.

73 Allerdings beginnt der neue Stil schon mit Hucbald, d. h. der Wende vom 9. zum 10. Jh. Diese kurze Frist bietet also kaum eine rechte Gelegenheit, eine eigene Form zu entwickeln, die nur dieser Zeit zu eigen wäre. Das Kölner Kunibert-Offizium mag freilich der Zeit um 930 entstammen; 930 fand die Rückführung der Gebeine des Kölner Heiligen Kunibert nach Köln statt. Das Offizium muß nach dem Trinitas-Offizium Hucbalds und Stephans von Lüttich entstanden sein — da es die Tonarten nach Hucbalds Vorbild anordnet —, andererseits ist der psalmodische Stil von Hucbalds Vorbild unbeeinflußt. Dieser Befund trifft sich gut mit dem angegebenen Datum.

Desgl. (Rhythmus unsicher)

O ve - re ma - gni - fi - cum Chri-sti præ-su -
lem Ku - ni - ber - tum, quem in in - no - cen-ti - a pu-e -
ri - li i - gne cœ-le -sti di-gnum sa-cris of - fi - ci - is
Do-mi-nus de - cla - ra - vit..... co - lum-ba su-per ip - sum.....

Man beachte bei den gewählten Beispielen aus dem Kunibert-Offizium den
Wechsel von psalmodierenden Teilen und Rhythmen mit scharfer Akzentuie-
rung. Stellenweise folgen sich diese Akzente und verleiten dazu, scharf zu
betonen: ♫ | ♩ und gewaltsam zu skandieren. Ein so harter Rhythmus ist
aber für die psalmodischen Teile unwahrscheinlich. Dieser Stil steht der
wortgestaltenden Rhythmik des Mittelalters fern. Er entspricht aber auch
nicht dem Rhythmus der gregorianischen Antiphonen, der schnell einem Ziele
zueilt[74]. Klarer ist die Stellung des Melismas. Der melismatische Stil der Gregorianik und verwandten Liturgien ist hier erloschen. (Natürlich ist davon
abzusehen, daß kleine Zierfiguren in die Antiphonie und Hymnodie eindringen.) Die spätere Melismatik aber liegt noch nicht vor. Statt der Melismatik aber treten Tropus und Sequenz, d. h. wesentlich syllabische Formen
auf.

Der Rhythmus der Sequenz ist dadurch gekennzeichnet, daß die Melodie
enge Verbindung mit dem Worte eingeht, sowie überhaupt durch ihre andere
Struktur[75]. Die Melodie bringt auf jede Wortsilbe einen Ton; damit geht
notwendig der freie Fluß des Melismas verloren. An Stelle des Taktes aber
tritt das „Motiv“: aus dem Melisma wird eine Kadenzenfolge, eine „Motivfolge“. Das „Motiv“ besteht dabei aus guter Tonstelle und Endung. Ein Auf-

---

74 Im übrigen, wer von den psalmodischen Teilen dieser Offiziumsgesänge angeregt,
die ganze Melodie im Gleichmaß der Töne lesen will, bekommt doch noch einen
guten Teil der von mir herausgestellten Rhythmik zu verspüren. Es folgen sich
alsdann viele Dreiergruppen (♫ ♪ statt ♫ |♩), die einen schwebenden
Rhythmus, wie er von den französischen Neugregorianikern von Solesmes ge-
fordert würde, zerstören.
75 Vgl. die „Studie zur älteren Sequenz“.

takt kann hinzutreten; doch tritt er an Bedeutung zurück. Die Schlußkadenzen aber verlieren ihre Eigentümlichkeiten als Auffang, als Mündung des rhythmischen Stromes. Sie gleichen sich durch die ganze Sequenz hindurch, oder es sind höchstens zwei Formeln, die sich in das ganze Werk teilen (von einigen Ausnahmen abgesehen, bei denen eine Wirkung als Halbschluß beabsichtigt ist).

Hier also haben wir zwar auch einen Übergang vor uns: statt des Flusses des Melismas begegnet uns eine Motivfolge, und aus ihr entwickelt sich dann später der architektonische Rhythmus, indem der Auftakt mehr beachtet, der Endung gleichgestellt, indem Regelmäßigkeit erstrebt, der Takt zurückgewonnen und die besondere Schlußkadenz preisgegeben wird. Aber es handelt sich um ein echtes Zwischenglied mit einem eigenständigen Rhythmus[76]. Diese Rhythmik „baut" natürlich nicht, obwohl ihre weitere Entwicklung in Deutschland dorthin geht; es fehlt der gleichmäßige Takt als erste Grundbedingung. Man kann auch nicht davon reden, daß in ihr die Zeit „dahinfließe" wie ein Versuch, der Ewigkeit ahnend habhaft zu werden. Zwar liegt auch hier die Zeit wie eine unbegrenzte Welt vor dem rhythmischen Musiker, aber sie wartet auf den Willen, die Fantasie, die sie erobern[77, 78].

---

76 Mit dieser Darstellung soll natürlich nicht der Eindruck erweckt werden, als habe nachgewiesenermaßen die Sequenz sich aus dem Alleluja-Melisma entwickelt, sondern es soll nur die Verwandtschaft, aber auch die Unterschiedlichkeit beider rhythmischen Stile dargetan werden.
77 Es erübrigt sich vorderhand, auf die Tropen einzugehen: ihre Rhythmik ist zwar bunter als die der Sequenzen; wir finden außer der angeblich „grobschlächtigen" Prosa auch hexametrische Verse, später auch Rhythmen, beides nach Art der Offizien, aber das ist alles nichts grundsätzlich Neues.
78 Zum Abschluß sei noch auf eine rhythmische Eigentümlichkeit hingewiesen, die fast allen bisher besprochenen Epochen und Gattungen gemeinsam ist: die Bevorzugung des geraden Taktes. Zweifellos liegen hier Entlehnungen vor. Aber sie ändern nichts an der grundsätzlichen Verschiedenheit der „Takte"; sie gibt sich kund durch die Gegenpole dieses „geraden Taktes"; in der 1. Epoche sind es antike Metrik und psalmodische Taktfreiheit, in der 2. Epoche die Taktfreiheit der älteren Sequenzen, in der 4. aber beginnt der Dreiertakt in die Choralrhythmik einzudringen.

DIE TONALITÄT

Die Untersuchung der Tonalität wird in vielen Dingen fast nur eine Verdoppelung der in dem vorigen Kapitel vorgeführten Tatbestände liefern. Denn Tonalität — recht verstanden — und Rhythmik stehen in einem sehr engen Verhältnis; die eine bedingt die andere und wird gleichzeitig durch sie bedingt.

Man könnte sogleich mit folgender Parallele beginnen: Wie man auf dem einen Gebiete zumeist nur eine Rhythmik annehmen will, so ist man ebenso oft geneigt, einheitlich von der einen Tonalität der sog. Kirchentonarten zu reden. Und man kann sich dabei wiederum auf die mittelalterlichen Theoretiker stützen, die den alten Melodien ihre Tonartensigel beifügten oder sie nach diesen Tonarten katalogisierten. Aber wir wissen, daß diese Theoretiker ihre Anschauungen gern in die alten Melodien hineinsahen. So bei der Rhythmik, und also auch hier bei der Tonalität.

Im übrigen hat man erst allmählich begonnen, diesen Unterschieden nachzugehen. Darstellungen von der Seite der Harmonielehre aus nützen natürlich nichts für die wahre Erkenntnis der Kirchentonarten. Im übrigen, sollte sich, wie doch wahrscheinlich ist, die Annahme mehrerer Tonalitäten bestätigen, so würde auch die Frage der Terminologie[79] zu lösen sein.

Was besagt die Schrift? Wieder können wir drei Stufen der Entwicklung feststellen, aber die dritte verzichtet diesmal nicht auf eine Lösung der Aufgabe, also jetzt eine genaue Festlegung der Tonhöhe.

Die erste ist gekennzeichnet durch den Verzicht auf genaue Festlegung der Tonhöhe. Sie bemühte sich statt dessen, die Bewegung der Melodie festzuhalten. Doch hatte die Schrift auch tonale Interessen; die Halbtongrenztöne f und c wurden sehr häufig besonders gekennzeichnet durch den Salicus oder Strophicus; hier erklangen wahrscheinlich Vierteltöne[80]. Die zweite Stufe kam mit dieser Andeutung der Bewegungen nicht aus; sie benötigte Angaben über die Tonhöhe, vermittels der Buchstaben a(altius), l(levetur), s(sursum)

---

79 Nebenbei: in folgendem werden folgende Termine und Zeichen verwandt:
   1. I. Ton = Protus = D-Tonart usw.
   2. I. Ton = Protus authenticus (= kirchen-dorisch) usw.
   3. Griechisches Dorisch (oder Dorischer Tetrachord) usw.
80 Doch nicht bloß hier, wie sich aus den Sonderzeichen des Codex Montpellier H 159 ergibt. (Vgl. Gmelch: Vierteltonstufen im Meßtonale von Montpellier. Eichstätt 1911.) Der Ansicht von Ursprung: Kath. Kirchenmusik 1939, S. 36 u. 84, daß es sich um Neubildungen der Karolingerzeit handle, möchte ich keineswegs beitreten.

oder i(inferius) oder e(aequaliter)[81]. Offensichtlich bestand eine Unsicherheit, die behoben werden sollte, entweder weil die neuen Melodien nicht mehr aus typischen Bewegungen bestanden (dann stellen diese neuen Melodien den Ausgangspunkt der Zeichen dar), oder weil man der Melodiebewegung gegenüber einen neuen Standpunkt eingenommen hatte: Man lebte in einer anderen Tonalität, einem anderen Tonsystem; man hörte anders. Die dritte Stufe nun brachte es nach längeren Bemühungen fertig, jeden Ton genau zu fixieren, durch Guido v. Arezzo[82].

Es mag sein, daß der rhythmische Wandel von der altgregorianischen ornamentalen Rhythmik zum neugregorianischen Gleichmaß auffälliger ist; ihm entspricht aber der Auffassungswechsel zwischen den Tönen, die als Teile einer Bewegung zu verstehen sind, und den Tönen, die von sich aus bestehen[83]. Weitere Umstände: die neue Schrift verzichtet weitgehend auf die Hakenneumen, damit also auch auf jene Töne, die wahrscheinlich Vierteltöne sind[84]. Ferner bildet sich der sog. germanische Choraldialekt in der zweiten Epoche mit seiner Überhöhung oder Umformung der Tonbewegungen bei den Halbtonintervallen aus[85]. Und nun zum Schluß eine Veränderung, die die alte Gregorianik im Laufe des Mittelalters, vorzüglich um das 11. Jahrhundert herum — aber vielleicht teilweise schon früher —, erleidet: eine große Reihe

---

81 Über sie berichtet jetzt Jos. Smits van Waesberghe: Muziekgeschiedenis der Middeleeuwen, D. 2: Verklaring der letterteekens in het gregor. Neumenschrift van Sint Gallen, Tilburg 1939—42, der auf Grund sehr eingehender Untersuchungen zu meist ansprechenden Ergebnissen kommt (wenngleich sich noch einiges nachtragen läßt).

82 Bemerkenswert sind dabei auch die Versuche, denen kein Erfolg beschieden war: die Daseia-Notierung, die von der Antike ausging und für jeden Ton besondere Zeichen besaß, in Anlehnung an die Tetrachorde der Griechen — sowie ein konservativer Versuch, der das System der Zusatzzeichen auszuarbeiten versuchte und die Intervalle durch sie genau bestimmen wollte, wobei die Tonbewegung noch als Grundlage der Schrift festgehalten werden sollte. Sie wurden beide abgelehnt, und die Liniennotierung siegte. Das ist keine Zufälligkeit; jene Schriftmöglichkeiten waren unpraktisch — weil sie den tonalen Vorstellungen ihrer Zeit nicht mehr entsprachen. Man hörte offenbar Einzeltöne, und nicht mehr Bewegungen, und auch nicht mehr Tetrachordstufen.

83 Zum Einzeltonhören vgl. Fellerer: Dt. Gregorianik im Frankenreich 1941; vgl. auch: Buch und Schrift NF 5—6/1943 (1947): Grundsätzliches zur Erforschung der rh. Neumenschriften.

84 Auch hier zeigt sich Deutschland konservativer als Frankreich, wenigstens in der Schrift; es behält jene Zeichen länger bei. (Vgl. P. Wagner, Neumenkunde 2, 1912, S. 443.)

85 Genaueres bei P. Wagner: „Germanisches und Romanisches im frühmittelalterlichen Kirchengesang". (Bericht über d. 1. musikw. Kongreß. Leipzig 1926.) Vertreter einer „pneumatischen" Choralauffassung werden diesen Dialekt zweifellos als unbedeutende Variante erklären. Das mag stimmen; trotzdem bleibt die Beschränkung der Variante auf Deutschland und die von ihm kulturell abhängigen Länder beachtlich. Bemerkenswert ist aber auch, daß die „dialektmäßige" Umgestaltung sich nur auf Gesänge der ersten und zweiten Epoche erstreckt — wäh-

von Gesängen wurde neuen Tonarten zugeteilt. Bomm[86] zählt neun Introitus von rund 100 auf, 23 Communioantiphonen von rund 150, 17 Offertorien von rund 100 (dagegen nur 7 Gradualien![87]). Es hat sich in dem System der „8 Töne" etwas geändert, so daß diese Gesänge nicht mehr in die ursprünglichen Tonarten hineinpassen. Es stellt sich heraus, daß man vor dem 10. Jahrhundert nach den Anfängen der Melodien die Tonarten bestimmt hat; seit dieser Zeit aber beginnt man, nach dem Schluß die Tonart festzulegen. Ferner: es gibt Melodien, die in anderer Tonart schließen, als sie begonnen haben. Es besteht auch die Möglichkeit, daß einzelne Teile innerhalb der Kompositionen aus ihrer ursprünglichen Tonlage verschoben werden können. Diese Möglichkeit wird vor allem ausgenutzt, wenn es gilt, chromatische, leiterfremde Töne zu beseitigen oder an diejenige und einzige Stelle zu bringen, wo die damalige Theorie ein Chroma erlaubt: bei den Tönen b und h (b molle und b durum)[88].

rend die späteren die einmal geprägte Form beibehalten, und ihre Komponisten den Gegensatz c und h bewußt benutzen, um mehrere Schluß-Möglichkeiten nebeneinander zu besitzen und auszuwerten.

14

Aber der Dialekt wirkt natürlich nach. Dafür ist ein schönes Beispiel aus der 3. Epoche das Gregoroffizium Leos IX. mit seinem typisch „germanischen" Melodieaufbau.

86 Bomm, U.: Der Wechsel der Modalitätsbestimmung in der Tradition der Meßgesänge im 9. bis 13. Jh. und sein Einfluß auf die Tradition ihrer Melodien. Einsiedeln 1929.

87 Offenbar bietet die lydische Tonart (F-Tonart) nicht soviel Schwierigkeiten wie die übrigen Tonarten des Oktoechos und läßt sich leichter den neuen Anschauungen anpassen.

88 Vgl. Jakobsthal, G.: Die chromatische Alteration im liturgischen Gesang der abendländischen Kirche. 1897.

89 Vgl. auch Gevaert: La mélopée antique dans le chant de l'église latine. 1895. — Für die Frage des Umbruches ist es belanglos, ob alle Fälle sich so erklären lassen. Es genügt, daß nachweislich einige auf ihn zurückgehen. Daß diese Umwandlungen wegen des Chromas so vor sich gehen, daß die in Frage kommenden Teile insgesamt in eine andere Tonlage, etwa also insgesamt eine Sekunde höher verschoben werden, daß also nach unserem Begriffe die Tonart gefährdet wird, statt daß der einzelne Ton verbessert wird, der in der originalen Lage Anstoß

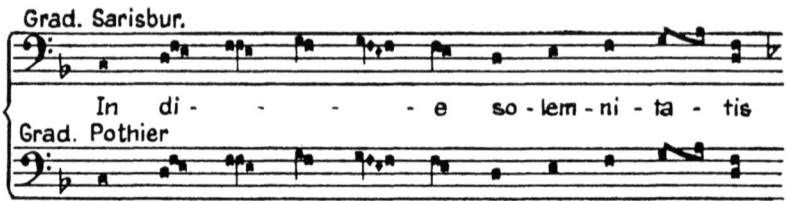

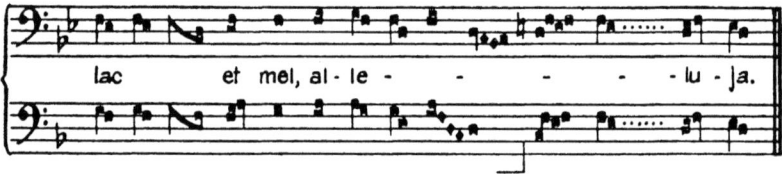

15

Dies bedeutet nun zunächst eine beachtliche Rolle der Theorie, die die Praxis umzugestalten in der Lage ist. Aber es ist nicht bloß Theorie; denn mag es auch auf den ersten Blick belanglos erscheinen, ob man die Tonart der Melodie aus dem Anfang oder aus dem Ende erkennt, so spricht doch dieser Ort dafür, daß die tonartliche Zugehörigkeit sich erst im Verlaufe der Melodie entwickelt, während jener Ort vermuten läßt, daß mit der ersten Wendung die Tonart bereits feststeht, also daß die Tonart etwas Formelhaftes ist, etwas Statisches.

Wir sehen ferner, wie die alte Tonalitätsvorstellung die Tonverhältnisse innerhalb eines Abschnittes, einer Formel beachtet, die junge dagegen die Spannungsverhältnisse der einzelnen Tonbewegungen. Wir können das vielleicht noch genauer fassen: Woher kommt das Chroma der Gregorianik? Das frühe Mittelalter hat das Chroma bekämpft, bis das späte es wieder für die

erregt, das bedeutet, daß in jener Übergangszeit die Lageneinheit der Formeln leichter geopfert werden kann als die Gestalt der Formeln selber.

Schlußkadenzen seiner Mehrstimmigkeit benötigte. Die synagogale Musik scheint es gekannt zu haben (wofern die Überlieferung nicht fremden Einflüssen nachgegeben hat). Die antike Musik selber hatte es in ihrer Spätzeit preisgegeben. Und es erscheint unwahrscheinlich, daß in der Gregorianik das Chroma — außerhalb der pentatonischen Gegebenheit — eine Rolle gespielt hat. Vielmehr dürften viele nachweisbaren leiterfremden Töne dadurch entstanden sein, daß man den Tritonus (die übermäßige Quarte) vermeiden wollte[89], anscheinend, seitdem die Gregorianik den nördlichen Völkern anvertraut wurde. Wurde denn der Tritonus früher nicht gehört? Es muß an dem gewesen sein, daß man früher der Skala als ganzer stets gegenwärtig war und nicht die Spannung der Einzeltöne untereinander wahrnahm. So ist also auch tonal der alte Choral den Tonvorstellungen der neuen germanischen und germanisierten Völker angepaßt worden[90, 91].

Welche Einzelheiten verdienen nun, erörtert zu werden? Das System der acht „Kirchentonarten" oder vier Haupttöne ist, äußerlich gesehen, allen unseren vier Epochen, der gregorianischen sowohl wie den drei übrigen, von der karolingischen Übergangszeit bis zum Ausklang des Mittelalters, gemeinsam. Es verhält sich mit ihm ähnlich wie mit dem geraden Takte und der Beschränkung auf wenige, eigentlich auf zwei Größenstufen innerhalb der Rhythmik, die übertragbares, nicht aus der Tiefe der Gestaltung aufsteigendes und erst zu deutendes Material waren; wir müssen ein gleiches von diesem Tonsystem und der Diatonik, auf der es beruht, annehmen. Indes, sie sind nicht in gleicher Weise den Perioden gemeinsam.

Die Auswahl der Tonarten innerhalb des Systems führt nicht so schnell weiter, wie man annehmen möchte.

	I (D)	II (E)	III (F)	IV (G)
Hymnen (i. d. 3. Epoche				
aufgez.)[92]	22	29!	3! (4 %)	21
Tractus	14	—	— (0 %)	15
Graduale	36	13!	50! (44 %)	15
Antiphonen:				
des Introitus[93]	50	46	24	35

90 Im übrigen sei nochmals auf Fellerer: Deutsche Gregorianik im Frankenreich, 1941, hingewiesen.

91 Eine Umwandlung können wir natürlich auch bei den Hymnen beobachten; im Gegensatz zu den Gesängen der eigentlichen Gregorianik, deren tonartliche Umdeutung bereits besprochen wurde, sind nämlich die Hymnen weniger von der Tradition geschützt. So liebt man es im hohen Mittelalter, Ziertöne vor allem an „hochbetonten" Stellen so anzubringen, daß Sprünge entstehen, oder man verändert Anfänge oder Schlüsse durch „Verbesserungen" oder noch lieber durch melismatische Anhänge, so daß sie auf funktionellen Tönen erfolgen (oder aber,

63

	I (D)	II (E)	III (F)	IV (G)
der Communio	49	29	28	47
des Offertoriums	32	28	17	29
des Offiziums insges. rd.	280	200 (115)	30 (3 %)	440 (525)
1. Periode Gevaerts	47	40	12 (6 %)	95
2. „ „	178	130	32 (6 %)	245
3. „ „	55	30	6! (3 %)	100
Alleluja	58	26	(7)? (5 %)	50
Sequenzen „Notkers" d. 2. Ep.	14	4	— (0 %)	19[94]

was hier zunächst nicht so wichtig ist, so daß der Übergang von einem Vers zum anderen leichter vonstatten geht).

16

Oder man wird für den Tritonus (fh) feinhöriger als zuvor. Für die Neukompositionen gelten die gleichen Vorlieben und Einstellungen. Vor allem aber werden

Die I. und IV. (D- und G-) Tonart sind in der Regel die Haupttonarten. Der III. Ton verhält sich am unregelmäßigsten. Der II. schwankt weniger stark; seine „Kurve" folgt in ziemlicher Abflachung meist der des Tritus; doch ist er bei den Hymnen die bevorzugte Tonart. So könnte es sich also empfehlen, zu verfolgen, wie die F-Tonart bevorzugt oder aber zumeist gemieden wird. Bevorzugt von den Gradualien, nicht benutzbar bei den Tractus, aber auch noch bei den Alleluja der gregorianischen Zeit, nicht benutzt auch von den Hymnen, in bescheidenerem Maße von den Antiphonen, aber am seltensten in der 3. Periode Gevaerts, d. h. dem Ausklang der Gregorianik — beliebt, bevorzugt bei den Gradualien: das ist für eine Epoche ein sehr buntes Bild und warnt davor, in der Auswahl oder besser in dem Auftreten der F-Tonart trotz ihrer „hellen Terz", ihres „Durcharakters"[95] ohne weiteres einen Anhalt für völkische Zugehörigkeit zu sehen. Dann stünden „uns" nämlich die Hymnen sehr fern und die Gradualien sehr nahe!

Die 3. und 4. Periode verwenden bei den Offiziumsgesängen infolge der Methode, die Tonarten nach der Nummernfolge zu bestimmen, d. h. jedem Gesange die seiner Nummer entsprechende Tonart zu geben, die Tonarten einigermaßen gleichmäßig, wenn auch vielleicht in der vierten Epoche ein leichtes Überwiegen des 5. und 1. Tones vermutet werden darf. In der zweiten Periode meiden die Sequenzen genau wie die Tractus oder besser Alleluja den III. Ton, nein, sie meiden auch, soweit nicht eine unmittelbare Bindung an ein Alleluja gegeben und damit also eine Tonart vorgeschrieben ist, sogar den II. Ton. Erst mit der dritten Epoche beginnen Deuterus und Tritus einzudringen. Und erst in der vierten Epoche beginnt auch in der Hymne der Tritus eine Rolle zu spielen. Und erst bei ihr mag erörtert werden, welchen Sinn dieses Vordringen einer Tonart hat. Zwischen der

---

bei ihnen die Sprünge auf die hochbetonten Taktteile, die „ersten Noten nach dem Taktstriche" verlegt. (Vgl. Archiv f. Mf. 1943: Auf dem Wege zum Mittelalter: Die ambrosianischen Hymnen.) NB: Die Übertragungen zeigen den Vorzug des ³/₄-Taktes. (Beide Melodien nach Ebel: Alem. Hymnar. 1931, S. 82.)

92 Nach Ebel. Die Ziffern des Hymnars Paris n. a. 1235 aus Nevers lauten: 34! - 17 - 4! - 19. Sie stimmen überein mit denen des Einsiedler-Hymnars, was den Tritus betrifft. Die 4 Hymnen in dieser Tonart dürften mehr oder minder mittelalterliche Neukompositionen sein. Das Obwiegen der I. Tonart vor der II. beruht höchstwahrscheinlich auch auf Neukompositionen. Für die Einsichtnahme in eine Abschrift des Hymnars bin ich Herrn Dr. Stäblein zu Dank verpflichtet.

93 Die Ziffern der Meßgesänge wurden Krasuski: Über den Ambitus der gregorianischen Meßgesänge, Freiburg, 1903, entnommen; ihnen liegt also das Graduale Paris nouv. acquis. lat. 1235 zugrunde.

94 Doch stellen manche dieser G-Sequenzen nur transponierte D-Melodien dar.

95 von denen Bomm und Wagner sprechen. Man muß also deutlich unterscheiden zwischen dem, was eine Tonart im damaligen System bedeuten kann, und dem, was wir heute aus ihr herausholen können!

5

ersten und dritten aber besteht der Unterschied, daß nun die acht Tonarten gleichmäßig, damals ungleichmäßig verwendet wurden. Man darf sich auch nicht durch die mittelalterlichen Choralbücher oder modernen Editionen, die die Gesänge säuberlich auf die acht Töne verteilen, täuschen lassen. Das System als solches hat sich die Gregorianik stellenweise erst im Mittelalter erobert. Besonders den psalmodischen, also aus der synagogalen Musik abgeleiteten Gesängen ist es fremd, ebenso wie der Hymnodie. Das in Ordnungen denkende Mittelalter aber kann nicht darauf verzichten, auch dieses überkommene Material in eine geschlossene Gliederung zu bringen[96]. In der gleichen Weise könnte man die Frage nach dem Tonumfang, dem Ambitus, stellen. Der mittelalterlichen These, daß die Melodie sich innerhalb der Oktave der Tonart bewege, sie ausfüllen solle, entsprechen eigentlich nur die Melodien der dritten und vierten Epoche einigermaßen. Bei den Melodien der ersten Epoche dagegen, d. h. sowohl der eigentlichen Gregorianik wie den Hymnen, kann eine solche Regel nicht festgestellt werden. Und das gleiche gilt von den Sequenzen der Notkerschen Zeit.

Die Begriffe Pentatonik und Tetrachordik werden auch wohl gelegentlich mit Erfolg benutzt werden dürfen; indessen muß man sich darüber klar sein, daß streng durchgeführte Pentatonik nicht zu erwarten ist; sie hat längst — schon in der Antike — Verbindungen mit der Oktave, mit der Quinte, der Heptatonik eingegangen. So wird nur die Art und der Umfang ihres Einschlags in Frage stehen können.

Man könnte auch verfolgen, wie die Melodie zum Sprachakzente oder allgemeiner zur Sprachmelodie steht. Doch sind hier sofort Einschränkungen zu machen: strophische Formen (Hymne, Cantio), vielleicht auch strophenähnliche (wie die Sequenz und teilweise auch der Tropus) müssen gleichmäßig durch alle Perioden ausscheiden.

Von entscheidender Wichtigkeit ist aber die Form der „Kadenz" (im weitesten Sinne), d. h. die Konstituierung der Tonarten des tonalen Systems. Durch die Frage nach ihr dringen wir vielleicht am besten zum Wesen der Tonalitäten vor.

Die Tonalität der 3. und 4. Periode

Beginnen wir diesmal mit den Offiziumskompositionen. Man darf von ihnen am wenigsten erwarten, daß sie gegenüber den Offiziumsgesängen früherer Zeiten die neue Tonalität bekunden. Und doch bedeutet jene Art, die Tonarten der Gesänge nach ihrer Nummer zu bestimmen, auch etwas für die

---

96 Doch ist das System der acht Töne nicht bloß dem Abendlande eigentümlich. Ähnliche Systeme finden sich in allen Liturgien, und so ist es als vormittelalterlich zu betrachten.

tonale Einstellung: die Tonarten stellen ein System dar, ein in sich geschlossenes Ganzes, in dem jede Tonart ihre Nummer hat. Mit der Nummer ruft man die Tonart, und das besagt: es wird jetzt Aufgabe des Komponisten, diese oder jene Tonart an einem gegebenen Orte zu bringen. Selbstverständlich stehen ihm für die vorgeschriebene Tonart „Formeln" zur Verfügung, sind ihm Tonraum und die Tonleiter bekannt: aber die Tonart ist das Ziel. Früher waren die Formeln das erste, und die Tonart ergab sich ohne weiteres aus ihnen. Ferner haben die beiden äußerlichen Merkzeichen der Tonart, Formel und Ambitus, jetzt ihre Bedeutung vertauscht. Der Tonraum ist wieder eine Regel der „Theorie", der der Komponist zu gehorchen hatte. Die Formel aber hat den Sinn, den Weg der Melodie zwischen wichtigen, „funktionalen" Tönen darzubieten. Früher war der Ambitus nicht von Bedeutung für die Tonart als solche, und die Formel war ein Melodieteil, der natürlich auch irgendwie „wichtige" Töne erfassen mußte, der aber — als Melodieteil — kaum veränderlich war. Jetzt hat sie eine Aufgabe, und jetzt kann sie umgestaltet werden, kürzer oder länger den vorgeschriebenen Weg führen. Die Zahl der Formeln aber ist gegenüber der 1. Periode eingeschränkt[97]; sie entspricht fast der Zahl dieser „Aufgaben", dieser Wege: Prim - Quint, Quint - Oktave usw. Die Formel „Prim - Quint" besteht zum Beispiel darin, daß dieser Quintaufstieg zusammen mit einer gegensätzlichen Bewegung gebracht wird, für die dann, je nach der Tonart, mehrere Möglichkeiten bestehen und herausgegriffen werden: etwa DC Fa oder Daba, ferner aFcdc, EDGac, Gchcd.

Das System der 8 Töne ist dabei, infolge der Rolle des Tonraumes, tatsächlich ein System geworden. Die alte Wesensbestimmung der Tonarten etwa durch die Tuba (a, F, c oder h, a oder G, c, a, d, c) ergab an sich kein geschlossenes System. Jetzt aber stehen sich die Räume Unterquart-Prim, Prim-Quint (bei den Nebentonarten) und Prim-Quint, Quint-Oktave (bei den Haupttonarten) gegensätzlich gegenüber. Die neue Formulierung ist also schärfer.

Die tonalen Funktionen, d. h. die Rollen, welche die wichtigen Töne zu spielen haben, sind gleichfalls geregelt. Die Prim ist „Finalis", Schlußton, aber auch mehr oder weniger Ausgangston der Gesamtmelodie: die Melodie aber bewegt sich, soweit sie sich in seinem Bereich befindet, um ihn herum. Der 2. Haupton ist bei den Haupttonarten die Quint: ist aber der erste Haupton sozusagen Zentrum eines kleineren Tonkreises, etwa eines Tetrachordes, so ist die Quint zumeist Zielpunkt oder Ausgangspunkt einer Bewegung, oder im Bereich der Tetrachorde, Endton eines oder meist zweier Tetrachorde. Um-

97 Natürlich werden ab und zu auch gregorianische Formeln entlehnt. Wie könnte dies auch ausbleiben? Aber sie haben ihre zwingende Haltung verloren. (Besonders Julian „archaisiert" gerne derartig.)

gekehrt aber übernimmt in den Nebentonarten die Prim auch diese Rolle der Quint, End- und Zielton von Tetrachorden zu sein. Daneben gibt es dann noch einen Übergangston (meist die Quarte), einen Grenzton zwischen beiden Tonkreisen. Dies alles ist also wiederum gegensätzlich geordnet: authentischer Ton verschieden vom plagalen, Prim verschieden von der Quint, und die Bewegungen im Primbereich anders als im Quintbereich. Das ganze ist einer wohlgeformten Architektur zu vergleichen, mit Fundament und Dach, Pfeilern und Quergebälke.

Die Tonart wird also durch den Ambitus, noch mehr durch die Finalis und Confinalis aufgebaut. Diese Töne aber sind wieder zum Teil durch den Ambitus gegeben, teils werden sie durch Kadenzen bestimmt. Kadenzierend wirkt damals entweder die Quartfolge (die Großterzfolge) oder die Berührung der beiden umgebenden Töne, die aber ungleichen Abstand haben müssen, also eines Ganztones und einer kleinen Terz oder eines Halbtones[98].

---

98 Vgl. ein ähnliches System der Schlußgestaltung bei der Jenaer Liederhandschrift. (Zs. f. Musikwissensch. 5, S. 290.)

Durch diese Beziehungen, die im Grunde wieder auf Gegensätzlichkeiten, auf Symmetrie hinauslaufen, werden die betreffenden Töne als Haupttöne einer Tonart deutlich, sozusagen plastisch herausmodelliert.

Dieses Prim-Quint-System wird nun beeinflußt, d. h. teils gefährdet, teils gestört durch die pentatonische Reihe ACDFGa. Sie gibt jeder der 4 Tonartengruppen mit den Schlüssen auf D, E, F, G ihre besondere Färbung: D als Schlußton erhält als ungleiche Nachbarn einen Ganzton und eine Kleinterz. E ist zunächst nicht vertreten — ebensowenig wie seine Confinalis h. So erhält es als Nachbarn D und vor allem F und muß stellenweise (bei Zeilenschlüssen) hinter diesen „natürlichen" Tönen zurücktreten, ebenso wie h und c als „Quintton" wetteifern. Bei F-Schlüssen kann der Halbtonschluß EF noch nicht in Kraft treten. Ebenso muß G sehr oft von der Quarte c aus schließen, da die Folge FGa nicht eindeutig ist.

Die Tropen weisen das gleiche motivisch-melodische Material wie die Offizien auf (wie sie ja auch rhythmisch in dem Wandel von der Prosa zur metrischen und „hymnischen" Form mit ihnen gleichlaufend sich entwickelten). Aber auch bei den übrigen Formen dieser Periode ist nichts wesentlich Neues zu erwähnen: die bislang fehlenden Tonarten werden jetzt bemüht, also vornehmlich der Tritus, bei den Sequenzen auch der Deuterus. Die Finalis und Confinalis spielen die gleiche Rolle, die Melodien werden in gleicher Weise symmetrisch gebaut, d. h. auch hier werden die Haupttöne mittels melodischer Möglichkeiten, mittels offener oder verborgener Symmetrie hervorgehoben. Wie unterscheidet sich diese Tonalität von der heutigen, d. h. von der Dur- und Molltonalität? Sehr oft treten bereits in Melodien der 3. Periode Tonfolgen wie f a c oder d f a auf [99]. An sich sind aber diese Tonfolgen noch nicht als zerlegte Dreiklänge zu verstehen. Sie sind entstanden, indem zu den pentatonisch gegebenen Kleinterzen df oder ac ein Großterzsprung hinzutrat. Sie könnten Vorstufen zum Dur und Moll darstellen, sobald sie als Gegensätze empfunden würden. Aber das System der 8 Töne und die ihm zugehörige einheitliche Pentatonik verhindern, daß diese Gegensätzlichkeit bewußt wird und in Kraft tritt. Anders wird dies in der 4. Epoche, insbesondere bei den Cantionen. Jetzt wird der Halbtonschritt nicht mehr vermieden; die Terzstufe tritt hervor. Sie kann neben der Quint als Schlußton verwandt werden und damit in das System der Prim und Quint als der bevorzugten Töne eintreten; es können sogar Modulationen in Paralleltonarten auftreten. Außerdem wird der F-Typus bevorzugt. Beim Phrygischen oder Hypophrygischen wird gelegentlich durch Schlüsse auf der Ober- oder Unterterz (G und C) der Hauptschluß auf E als Tonika-Schluß erschüttert.

---

[99] Vgl. auch Müller-Blattau: Tonarten und Typen im dt. Volkslied, in: Zur Tonalität d. dt. Volksliedes 1938, S. 42.

18

Chri-sti sit na - ti - vi - tas
jus cœ - le - stis ci - vi - tas

Cum ju - bi - lo re - ple - ta, Cu -
In vi - ta qui - e - ta Jo - han-nem col-lo - ca - vit

e - pu - lis - que pa - vit, '

vo - ca - vit post se - ni - um.

Überhaupt wandelt sich die Melodik: Tonwiederholungen sowie Sprünge treten an der Stelle der stufenförmigen Melodiebewegungen und verstärken wiederum, in Verbindung mit Terz- oder Quintverschiebungen der Melodie, die hervorzuhebenden funktionellen Töne. So kann man in der eben angeführten Cantio tatsächlich von Akkordzerlegungen sprechen (und braucht wegen des Taktes keine Zweifel zu haben).

Sieht man von beiläufigen und Folgeerscheinungen ab, so möchte man sagen: Die Wandlung von der Tonalität der „romanischen", ottonisch-salischen Zeit zur spätmittelalterlichen besteht wesentlich darin, daß die Pentatonik preisgegeben wird (denn funktionelle dominierende Töne gibt es bereits damals). Nunmehr kann auf die symmetrische Gestaltung und Kadenzierung verzichtet werden, können Taktgewicht und harmonische Deutung allein die Melodie gestalten. Die Formeln aber können vollends zurücktreten; sie werden zerstört, oder aber, sie werden übersteigert, werden Kompositionselement und verlieren so ihren Sinn als Formel[100]. Wollen wir das System vor allem der 3. Periode aber positiv charakterisieren, so ist die Symmetrie als hauptsächlich gestaltende Kraft hervorzuheben. Als wesentlich stellt sich ferner heraus, daß Ambitus und Skala, Formel und Funktionsbewegung zusammenfallen, wie in der Rhythmik Bewegung und Zeitgliederung. Massive Flächen und einfache, aber kräftige Profile kennzeichnen den tonalen wie rhythmischen Verlauf der Melodie.

---

[100] Vgl. Jammers: Antiphonen der rhein. Reimoffizien. Rom, 1930, S. 36.

Die gregorianische Periode

Bei der gregorianischen Periode empfiehlt es sich wieder, Hymnen, melismatisch-responsoriale Gesänge und antiphonischen Stil zu unterscheiden. Die Hymnen verwenden fast ausschließlich den Protus, Deuterus und Tetrardus; man muß annehmen, daß diese Auswahl durch antike Reminiszenz[101] bedingt ist: es handelt sich um die griechischen Tetrachorde DEFG, EFGa (bevorzugt), Gahc, bzw. die Skalen DEFG + ahcd, (H)CDE + EFGa, CDEF + Gahc. Beachtlich ist auch hier die Rolle der pentatonischen Reihe CDFGa, die beim Protus zur leichten Erweiterung, beim Deuterus zur Störung, beim Tetrardus zur Ausbildung des unteren Tetrachordes (also abweichend vom mittelalterlichen plagalen System) führt. Ob diese Rolle ihr vom Anbeginn der lateinischen Hymne oder erst seit der 2. Epoche zukommt, muß offen bleiben. Wahrscheinlicher ist der spätere Termin.

Die Pentatonik macht sich natürlich auch beim Tonmaterial selber bemerkbar. Doch haben die hinzugetretenen Ziertöne aus der Zeit der Stufenmelodik (3. Periode) diesen pentatonischen Charakter etwas verschleiert. Der Ambitus ist nach antiker Gewohnheit weniger für die Konstituierung der Tonart als für die Melodiebildung bedeutungsvoll. Die Tonart wird durch die Schlüsse des ersten, natürlich aber vor allem des letzten Verses bestimmt, während für die Mittelverse Freiheit herrschte. Wenn auch unter diesen die Quinte ziemlich zahlreich vertreten ist, so gehört sie doch nicht zum System der Tonart und der Schlüsse. Man darf sogar bezweifeln, daß es sich bei diesen quintierenden Hymnen um ältere Gesänge handelt, zumal sich oft antiphonische Quintenformeln bei ihnen eingeschlichen haben.

Das tonale System der Hymne mag also der Antike entstammen ebenso wie ihre Rhythmik, doch bescheidet es sich, hier wieder wie dort, mit einigen Einzelheiten, die leicht neben den eigentlich gregorianischen weiterbestehen und sich später auch der mittelalterlichen Tonalität angleichen und einfügen lassen. Die zentrale tonale Leistung der Antike, vermittels des Tetrachordes die Oktave zu gestalten, ist preisgegeben worden.

Die Tonalität der melismatischen Gesänge hat bereits P. Wagner aufgeteilt in zwei Arten: die ältere ist sozusagen rein psalmodisch: sie ist charakterisiert durch die Tubatöne f oder c, d. h. die Töne, unter denen sich Halbtöne befinden (unter ihnen können sich dann — wie man wohl annehmen darf — Vierteltöne befinden: e+ oder h+, die auch allem Anschein nach nur in Verbindung mit ihnen erklingen); zu diesen Tubatönen hin bewegt sich die Melodie, von ihnen fließt sie wieder zurück. Die beiden „Tonarten" dieser älteren Melismatik unterscheiden sich dann fast nur dadurch, ob dieser Rückfluß bis zur Unterterz (f d) oder Unterquart (c g) als Grundton sich ausdehnt.

---

101 Vgl. Archiv f. Musikforschg., 1943, S. 97 ff.

Zur Oktave hat diese Tonalität noch keine geregelte Beziehung, mag auch der Umfang der Gesänge bereits den der jüdischen Synagogalmelodien überschreiten. Es gibt aber keine Regeln über diesen Ambitus[102], und auch der Grund- und Schlußton besitzt nicht die Fähigkeit, die (pentatonische) Skala oktavisch oder gar oktavisch-quintisch aufzugliedern. Zu dieser Tonalität bekennen sich die Tractus und die älteren Gradualien.

Die (Oktav)-Quint-Gliederung liegt eher bei der Tonalität der jüngeren Gradualien vor. Diese findet nämlich im 8-Ton-System[103] Unterkunft. Die jüngeren Gradualien lieben vor allem die Tuba c mit Rückfluß bis zur Unterquint f, gelegentlich auch zur Sext e; daneben bilden sich durch Analogie zur Terz oder Quart, vor allem aber zur Quint, jetzt Tubatöne aus, unter denen sich Ganztöne befinden. Man könnte also annehmen, daß das System der Tubatöne in folgender Weise entstanden sei:

(2) f-d (ursprünglich) (= c a)
(8) c-g   „
(5) c-f (1. Erweiterung und Eindringen des Quintsystems) von den jüngeren
        Gradualien bevorzugt
(3) c-e (2. Erweiterung)
(1) a-d (Analogie zu (5)
(7) d-g (Analogie zu (5)
(6) a-f (Analogie zu (2)   Diese Tubatöne haben
(4) a (oder g)-e (Anal. zu (8)   einen Ganzton unter sich.
(3) h-e)Analogie zu (5)

Auch dieses jüngere System der melismatischen Gesänge kennt keine strengen Ambitusgesetze. An ihrer Stelle sind die Formeln für die Statuierung der Tonarten von Wichtigkeit, Formeln sind aber nichts in sich Gegensätzliches, so daß dem „System" die Geschlossenheit, die Grundsätzlichkeit abgeht. Die Formeln, die Melismen stellen ausgearbeitete Kadenzen, d. h. Bewegungen von der Tuba zum Grundton- oder Halbschlußton dar; Ausschmückungen der Tuba, bevor sich die Stimme senkt. So ist also die Tuba wesentlicher; sie ist im Grunde genommen vor der Finalis da, geschichtlich wie ursächlich[104]. Freilich, die Gradualien lieben es, nicht mehr unbedingt an der Tuba zu hängen (bereits P. Wagner verwendet dieses Bild), sondern über sie hinauszusteigen. Trotzdem aber liegt kein quintisch-(oktavisches) System vor, weil die Grundsätzlichkeit fehlt: nach wie vor übt die Kleinterz — auch wenn ihr oberer Ton nicht Tuba der Tonart ist — eine große Anziehungskraft aus.

102 Vgl. auch Krasuski: a. a. O. (Diese Arbeit bedarf allerdings der Überprüfung, da plagale und authentische, frühe und spätere Gesänge nicht unterschieden werden.)
103 Dessen Verhältnis zum östlichen Oktoechos bedarf noch der Klärung.
104 Vgl. auch Maerker a. a. O. S. 79.

Eher können wir ein quintisch-(oktavisches) System bei den Antiphonen erwarten; in der Tat sind bei ihnen die 8 Töne mit größerer Regelmäßigkeit vertreten, mit einer Regelmäßigkeit, die etwa in der Mitte liegt zwischen der mathematischen Strenge des Mittelalters und der unregelmäßigen Bevorzugung einzelner Tonarten bei den responsorialen Formen. Die „Tuba" spielt bei ihnen nicht mehr eine so ausschlaggebende Rolle[105], doch ist sie durch den zugehörigen Psalm wirksam. Der Ambitus wird bedeutungsvoller, wenn auch nicht die mittelalterliche Regel herrscht. Aber auch hier spielt die Oktave noch keine der Prim oder Quint vergleichbare Rolle.

So fehlt also der gregorianischen Tonalität, welche Formen man auch untersuchen mag, das Denken in Tonräumen, obwohl manches für dieses neue Denken notwendige Material am Ende dieser Epoche bereitgestellt war, besonders von den Hymnen und Antiphonen. Man sieht nicht Tonräume, die zusammen ein „Gebäude" ergeben, sondern man schwebt in einem Raum — man bewegt sich auf der Skala — etwa noch in dem spätantiken Tonsystem der Spannungs- und Ruhetöne, noch lieber aber in dem pentatonischen System, wo man bis zur Tuba oder über sie hinaussteigen und wieder zurücksinken kann.

Die karolingische Epoche

Wiederum erscheint sie als Übergangsepoche. Die Hymne entzieht sich freilich der Beobachtung, und man kann nur vermuten, daß die antiphonalen Elemente, die Vernachlässigung des Versambitus und ähnliche Abweichungen von der antiken Gepflogenheit in dieser 2. Epoche aufgekommen sind. Auch die Umwandlungen im Stile der Antiphonen sind schwer festzulegen. Der Nachweis, wann die einzelnen Offizien entstanden sind, ist kaum zu führen. Das Kunibertoffizium aus Köln, wegen seiner merkwürdigen Stilmischung bei der Rhythmik als Beispiel angeführt und auf die Zeit um 930 datiert, mag auch hier als Beispiel dienen. Auffällig ist zunächst seine psalmodische Melodieführung. Außerdem werden die Formeln vereinfacht, der

---

105 In dem Maße, wie die Tuba zurücktritt, gewinnt die Kadenz, d. h. der Sekundschritt von einem der beiden Nachbartöne, oder auch die Bewegung von der Terz oder Quarte zur Finalis an Bedeutung; es tritt überhaupt eine Art Terzensystem in den Vordergrund, das bereits bei der hellenistischen Antike des Mesomedes zu beobachten war, ein System, in dem Ruhetöne der Grundton und seine Terz, Spannungstöne die Sekunden und Oberquarten waren. Aber dieses System ist an der Prim allein orientiert; höchstens, daß es bis zur Quint reicht; oktavische Beziehungen hat es dagegen anscheinend nicht. Es wäre zu untersuchen, ob nicht diese Rolle des Grundtones ermöglicht, im gregorianischen Choral syrische oder hellenistische Elemente von dem zu trennen, was aus der jüdischen Musik übernommen, „recipiert" wurde. — Bezüglich der hellenistischen, nicht mehr echt antiken Tonalität des Kreters Mesomedes vgl. Archiv f. Musikforschung 1941, S. 109 f, 178 f.

Bestand verringert, die Melodiegestalt und die tonalen Verhältnisse schlichter. Die Voraussetzungen zu einer neuen Gestaltung wie einer neuen tonalen Auffassung sind vorhanden, und doch liegt keine gradlinige Entwicklung zum psalmodiefernen mittelalterlichen Choral vor. Die Tropen gleichen — soweit man nicht noch Einflüsse der Sequenz nachweisen wird — oft den Antiphonen ihrer Zeit; das ist bei dem Orte ihres Auftretens nicht zu verwundern: sie werden ja (meist) den alten gregorianischen Gesängen eingefügt. Eine Auswahl der Tonarten ist bei ihnen nicht zu erwarten, da sie in diesen von den tropierten Gesängen abhängig sind; doch kann es vorkommen — und die Tropen *„Hodie cantandus"* mit D-Schlüssen und abschließendem Quintschluß auf a und *„Hodie exultent"* mit a-Schlüssen vor dem Introitus *„Puer natus est nobis"* im 7. Ton, also mit G-Schluß, sind Beispiele dafür —, daß der einleitende Tropus nicht den gleichen Schluß wie der Hauptgesang besitzt. Der a-Schluß unseres Beispiels bedeutet, entsprechend der Rolle des Tropus, eine Spannung gegenüber dem Schlußton G des tropierten Introitus. Die hier sich offenbarende gestaltende Kraft mag übergangen werden; tonal aber wird hiermit das, was uns im älteren antiphonalen Stil an Nebenschlüssen und Spannungstönen begegnet, weit überschritten. Mag auch dieses „a" schon im Introitus vorkommen, so liegt doch ein Ansatz zum funktionellen Tondenken[106], zur Modulation vor; das „a" des Introitus ist als Binnenschluß entstanden, indem man auf dem Wege von der Behelfstuba c zum G auf ihm haltmachte, das a des Tropus aber wird beiderseitig kadenziert; es ist „gebaut".

19

Ho - di - e   ex - ul - tent   ju - sti: Na - tus est
Chri - stus   fi - li - us   De - i.   De - o
gra - ti - as   di - ci - te: Ei - a   Pu - er na - tus est,

---

106 Man vergleiche etwa diese funktionelle Ordnung mit dem bei mehrmaliger Wiederholung eines Satzes angewandten Anstieg in eine höhere Tonlage: sämtliche Intervalle werden gewahrt, der tonale Raum wird verschoben, aber nicht erweitert, ausgebaut. (Vgl. etwa das Alleluja der Karsamstagliturgie.)

Die entscheidende Choralgattung der karolingischen Zeit ist die Sequenz. Und sie besitzt eine für sie eigentümliche Tonalität, wie wir auch einen eigentümlichen Rhythmus feststellen konnten: die karolingische Sequenz kennt nur zwei Tonarten, soweit nicht durch das Alleluja ihr eine andere vorgeschrieben ist: die D-Tonart und die G-Tonart. Der Ambitus ist nach unten begrenzt; unter das C geht kaum eine Melodie; der Ambitus nach oben ist ziemlich ungeregelt und überschreitet ab und zu fast die Möglichkeit einer einzigen Stimme. Quintschlüsse — nicht bloß als Strophenschlüsse, sondern als Werkschlüsse — sind mehr als einmal nachweisbar. Das Tonmaterial ist (im germanischen Bereich[107]) recht deutlich pentatonisch gestaltet: wiederum liegt die Reihe CDFGac vor. Die Schlüsse erfolgen von der Untersekunde her, vermittels einer deutlich ausgeprägten Kadenz. Die Kadenz der G-Tonart FG veranlaßt, daß neben dem Tetrachord Gac ein zweiter FGb einer Nebenreihe, vor allem zum Schluß hin, auftritt. Durch diese Doppelreihigkeit unterscheidet sich die G-Tonart von der anderen; sonst würde man fast von Varianten reden müssen: CDFGac = FGbcdf. Wird durch das Alleluja die „phrygische" Tonart verlangt, so wird nach dem Vorbild dieser Skala eine neue pentatonische Reihe gebildet: DEGahde. Der Grundton, wie überhaupt der kräftiger wirkende Schlußton liegt also im Tetrachord so, daß der Ganzton unter ihm, die Kleinterz auf ihm liegt. Er wird immer wieder von der Melodie aufgesucht; er ist tatsächlich Grundton, nicht bloß Schlußton, wie in

---

107 Diese Darstellung geht auf das Schubigersche Material zurück. In der französischen Fassung wird die Pentatonik nicht so sichtbar; grundsätzliche Unterschiede sind aber nicht anzunehmen.
Damit aber wäre wieder die Frage des germanischen Choraldialektes gestellt. Wie ist er zu verstehen? P. Wagner hat in ihm „den Drang unserer Vorfahren" erblickt, „die melodische Spitze höher zu suchen als die Romanen, das Ergebnis einer intensiveren seelischen Spannung", ja er geht so weit, von einer „der ersten geschichtlichen Äußerungen deutschen Hochstrebens, des deutschen Idealismus" zu reden, und ihn „in eine Parallele zur deutschen Gotik des Mittelalters zu stellen". Handschin versucht, den germanischen Choraldialekt zu verstehen vom „Prinzip der Tonverwandtschaft" aus, indem die Sekunde durch die konsonantere Terz, die Terz durch die konsonantere Quarte ersetzt werde. — Es handelt sich in erster Linie um den Ersatz der Töne E, a und h durch F, b und c; so daß also den heptatonische Leiter CDEFGahc umgewandelt wird in die Leiter: CDFGac nebst Neben-Tetrachord: FGb. Andere Umwandlungen (wie EF zu EG) erklären sich als Analogiebildungen, entsprechend dem „Phrygisch" der „Sequenzen". Man kann also den Dialekt als Einfluß einer neuen pentatonischen Tonalität verstehen. Der Einwand Wagners, der Dialekt könne, weil jünger, nicht pentatonisch sein, ist ohne Beweiskraft. Pentatonik und Heptatonik dürften gleich ursprünglich sein und sind auch im geschichtlichen Beispiel nicht auseinander hervorgegangen. Vielmehr wird man im vorliegenden Falle ruhig neben dem weniger pentatonischen gregorianischen Choral eine stärker pentatonische Musik ansetzen dürfen, die auf jenen eingewirkt hat. (Daß die Leiter CD F G ac + F G b dem zweiten Tonkreis von M. Schneider: Geschichte der Mehrstimmigkeit, Bln. 1934—35 entspricht, versteht sich am Rande.)

der Gregorianik. Neben ihm tritt die Quint deutlich hervor — außerhalb der allelujatischen Sequenzen sind nur sie und die Prim als Schlüsse vertreten. Selbstverständlich tritt auch die Oktave jetzt schärfer hervor; trotzdem ist sie auch hier nicht mit der Quinte an Gestaltungskraft zu vergleichen. Wie wichtig die Quinte geworden ist, ergibt sich im übrigen aus der „phrygischen Pentatonik" der Sequenzen. Sie ist, wie bereits angedeutet, durchaus nach dem Vorbild der CDFGa-Reihe angelegt, d. h. also so, daß die Quinte in ihr Platz hat. Die Quinte war also vor dieser Neubildung da[108]. Wichtig ist auch die einseitige Richtung der Melodie. Diese kehrt (von gelegentlichen, nicht sehr ausgeprägten, plagalen Wendungen beim Tetrardus abgesehen) von jeweilig erreichten höheren Tönen immer wieder zur Finalis, in höherer Lage zur Confinalis zurück. So wird vielleicht die spätere Tonraumordnung des Mittelalters vorbereitet. Indes bleibt der Raum in gewisser Weise offen. Dem festen Boden oder Ausgangspunkt der Prim oder Quint (die als Orgelpunkt festgehalten werden könnten) entspricht kein Zielpunkt, kein „Dach" — es fehlt eine Bewegung Prim-Quint, die stark genug wäre, die Tonart mitzukonstituieren. Die Quinte ist vorhanden, als Mitläufer, aber nicht als Gegenpol der Prim.

Wenn ein kurzer Rückblick gemacht werden darf: wie der Rhythmik gewisse Züge durch die gesamte Entwicklung hindurch gemeinsam sind, so auch der Tonalität. Immer wieder begegnet uns die Pentatonik (am wenigsten in der 4. Periode) und die mit ihr konkurrierende Quint- oder Quint-Oktav-Ordnung (diese in der 3. und 4. Periode). Die Verbindung beider, die in der Antike in sehr glücklicher Art vermittels der Tetrachorde erfolgte, wird in der Gregorianik vermittels der Tuba versucht, in den Sequenzen schon besser durch die Herrschertöne Prim und Quinte erreicht. Das Mittelalter, das dann zumeist die stufige Melodik bevorzugt, doch ohne sofort die pentatonische zu unterdrücken, erfindet die Tonräume, die tonale Architektur und baut die funktionale Ordnung aus, die in der Sequenz angedeutet ist. Diese funktionale Ordnung aber entwickelt sich dann zur harmonischen und überholt und erledigt die Lösung der primitiven Funktionen, also die der Kirchentonarten des Mittelalters.

---

108 Die Tonartenauswahl der Sequenz erinnert an den Traktus. Die Ursache dieser Ähnlichkeit ist vielleicht mit der Pentatonik gegeben. Unterschiedlich sind aber Grundton und Quint.

DIE MELODISCHE GESTALT UND IHRE HERKUNFT

Sowohl im rhythmischen wie im tonalen Bereich hat also jeder der besprochenen Stile und Zeitabschnitte seine Besonderheiten. Nicht als ob die Gattungen des lateinischen Chorals nicht bis ins späte Mittelalter ihre Unterschiede, ihre Eigengesetzlichkeiten, kurz das, was man schlechthin musikalische Gestalt nennt, gewahrt hätten, aber sie wandelten sich doch. Auf Rhythmik und Tonalität baut sich die musikalische Gestalt auf. So also wandelt sich auch diese. Aber aus welchen Gründen? Man wird leicht geneigt sein, unsere 3. und 4. Epoche, die ja nicht so grundsätzlich sich unterscheiden, den neuen abendländischen Völkern zuzuschreiben, die erste aber den Völkern des untergehenden Römerreiches, und zwar teils der echten — teils der „falschen" Antike, um einen Ausdruck der Kunstgeschichte aufzugreifen. Schwieriger liegen die Dinge bei unserer zweiten Epoche des lateinischen Chorals, d. h. bei der Deutung der karolingischen Musik. Sollte die Musik auch dieser Epoche den abendländischen Völkern zugehören, so wäre damit das Problem nicht gerade vereinfacht. Jedoch darf man sich dann erinnern, daß Germanentum und Deutschtum oder Keltentum und Franzosentum nicht verschiedene Namen für gleiche Völker sind. Im übrigen sei die Gegenthese nicht übersehen, daß mindestens die karolingische Musik noch „pneumatisch" sei, daß bis in die ottonische Zeit syrische Einflüsse sich geltend machten, oder gar die, daß schließlich der gesamte Choral uns „wesensfremd" sei.

Die Musik aus der Zeit der ottonischen und salischen Kaiser

Der Rhythmus liebt den Takt, die Symmetrie zwischen Auftakt und Endung, liebt Entsprechungen, die Hervorhebung einzelner wichtiger Punkte, bevor die Endung einsetzt — die Tonalität die abgegrenzte Oktave, die Symmetrie der Tonräume, die funktionellen Formeln — der Rhythmus das Gleichmaß oder den einfachen Größenwechsel, die Tonalität die schlichte diatonische Skala, in der vor aller Pentatonik doch die Prim-Quint-Oktave (oder Unterquart-) Ordnung maßgeblich ist. Die melodische Gestalt aber — in gewissem Sinne verdient sie vor allen Werken der Gregorianik oder auch der karolingischen Kunst den Namen „Gestalt", denn ihr Merkmal ist Abgrenzung, geschlossene Form: geschlossen ist wie der Rhythmus, wie der tonale Ambitus, so die musikalische Form überhaupt. Geschlossen wie das rhythmische System, wie noch deutlicher das tonale, auch das Offizium als Ganzes, der Gottesdienst, die Ordnung der an der Liturgie Beteiligten. Am deutlichsten wird dies beim Offizium. Textlich wird es so zusammengefaßt, daß seine Gesänge eine „Historie" ergeben, also einen Eindruck der Geschlossenheit erwecken und nie die Beziehung auf die in den Mittelpunkt des Festes gerückte Gestalt oder Idee verlorengehen lassen. Der Tag wird als ganzer, als Feiertag aus der Menge der übrigen herausgehoben. — Tonartlich wurde die Nummernfolge der Tonarten erwähnt: Man bevorzugt sie, nicht um das tonale System herauszustellen — was man besitzt, braucht man nicht herauszustellen —, auch nicht, weil man keine Beziehung zum Charakter der Tonarten gehabt hätte; die Theoretiker berichten genug vom Charakter der Tonarten, und wenn man auf ihn den gleichen Wert wie wir gelegt hätte, so hätte man vielleicht eine Tonart für Märtyrer-, eine andere für Bekenner- oder Jungfrauenfeste festlegen können — nein, man erstrebt eben die Geschlossenheit der Festmusik der einzelnen Tage.

Allerdings, diese Nummernordnung ist nicht ohne Vorbild; sie entstammt zweifellos aus Syrien, wo die Qâlē zu je 8 — entsprechend dem Oktoechos — zusammengehörten. Und das Vorbild war eigentlich besser als das Nachbild; die Ordnung war fast gegeben. Im abendländischen Offizium des Weltklerus aber spielte die Zahl 8 keine Rolle; bei ihm mußte es also Überschneidungen oder Lücken geben. Der Wille zur Ordnung war also hier gewaltsamer, unbedingter.

Und die einzelnen Gesänge, etwa die prosaischen Stundenlieder? Deutlich erstreben diese einen Ausgleich, eine Symmetrie, ein Gleichgewicht zwischen den wirkenden Kräften, den Sätzen, den melodischen Bewegungen. Sie erstreben oft einen Gipfel — sie bemühen sich aber überhaupt um die Sprachgestaltung. Es gibt wenig Epochen in der Musikgeschichte, außer etwa der Antike und den rezitativen Formen der Neuzeit, in denen so der Textgestalt nachgegangen wird. Bei der Antike ist der Textakzent zufolge dem sog. „Akzentgesetz" wie auch die Metrik der Worte Lebensgrundlage der griechischen Melodie. Diese mittelalterliche Sprachbeachtung muß freilich, wofern nur der Text geformt ist, notwendig wieder zur geschlossenen Form führen. Auch hier könnte man hinweisen auf die geschlossenen Formen der Syrier, etwa auf den Strophenbau bei ihren Stundengesängen; aber so einfach macht man es sich nicht im Norden: man verschmähte die Liedform. Immerhin also, bei den hexametrischen Formen, noch stärker bei den rhythmischen Offizien

---

109 Vgl. auch die Bemerkungen über das Enjambement in: Karlsoffizium Regali natus 1934 und: Die Antiphonen der rhein. Reimoffizien, 1930, S. 71 ff. Das Auftreten von Strophen im Alleluja (vgl. das zitierte Beispiel: *Alleluja, O Maria rubens rosa*) zeigt dann, daß man im Spätmittelalter den rezitativischen Stil nicht mehr versteht und mühsam eine Verbindung von cantioartiger strophischer Architektonik und freigefügter Pseudogregorianik erstrebt. Man hat syrischen Einfluß auch in der Verdrängung der metrischen Hymnen durch die rhythmischen

führt notwendig die dichterische Form zur geschlossenen Gestalt. Die Kadenzen entsprechen sich: So können etwa Quint- und Primschluß miteinander abwechseln.

20

Gre - go - - ri - us or - tus Ro - mæ

Ex se - na - - to - rum san - gui - ne

Ful - sit mun - - do ve - lut gem - ma

Au - ro su - per - ad - di - - ta,

Dum præ - cla - ri - or præ - cla - - - ris

His ac - ces - sit a - ta - - vis

Es bilden sich „melodische Reime" aus. Rhythmisch können Eingangs- und Schlußmelismen den Gesang zusammenfassen. Zeilen können sich wiederholen, mit leichter oder größerer Abwandlung. Eine genaue Wiederholung freilich, eine „Liedform" würde, wie erwähnt, dem antiphonalen Stil widersprechen. Und es gehört zu den wichtigsten Aufgaben des Offiziumskomponisten, zwischen den Anforderungen der sprachlichen und der formalen, versmäßigen Gestaltung den rechten Ausgleich zu finden. Hier ist der eigentliche Ort der Stilgeschichte des mittelalterlichen Chorals[109].

---

erblicken wollen. Indessen hat sich auf der einen Seite die metrische Dichtung so lebenszäh behauptet — die karolingische Hofdichtung ist wohl fast ausnahmslos metrisch, — andererseits besitzen die germanischen Hymnoden in ihrer Volksdichtung bereits ein so deutliches Vorbild akzentischer Dichtung und Musik, auch ist die irische Hymne wieder abzählend gestaltet, so daß ein syrisches Vorbild hier nur eine nebensächliche Rolle spielen kann. Daß es vorgelegen hat, beweisen allerdings einzelne Umstände, wie die Akrosticha.

Die Melodie bewegt sich dabei stufenweise. Sprünge werden vermieden, ausgefüllt. Gelegentliche Ausnahmen sind um so wirkungsvoller. Noch strenger aber ist die Tonwiederholung verpönt[110]. Die Melodien stehen daher wie Mauern zwischen den Türmen der Funktionstöne[111].

Eine „Perspektive" besitzen diese Melodien nicht, da Ambitus und Oktavskala der Tonart zusammenfallen, da der Ambitus nicht verschoben wird und die Tonart nicht moduliert. So stehen die Melodieteile alle nebeneinander, es gibt keine melodischen Hintergründe. Was wichtiger ist, wird durch die Größe, d. h. vor allem durch die Größe der Melismen, durch größere Tonzahl hervorgehoben.

Was aber vom Offizium hier gesagt wird, gilt auch von der Hymne oder der Sequenz, freilich in abgeschwächtem Maße. Denn die Hymne besaß bereits eine geschlossene Form. Aber diese Gestalt hat sich geändert: Es gibt jetzt Entsprechungen, „symmetrische" Hälften beim sapphischen Vers wie beim Hexameter. Ferner ist dieser Hexameter umgestaltet worden zum auftaktischen Vers, vielleicht aus zwei Gründen: aus einer Vorliebe für den Auftakt überhaupt[112] und um beide Hälften einander auszugleichen. — Auch im melodischen Bau tritt ein Wandel ein: während früher der erste und letzte Vers der jambischen Dimeterstrophe den gleichen Ambitus erstrebten und so eine geschlossene Form der Hymne gaben, gewährleistet jetzt die Symmetrie der Melodieführung durch Ähnlichkeiten zwischen dem 1. und 3. oder 2. und 4. Vers der Hymne ihre architektonische Gestalt. Der Gegensatz entspricht vielleicht dem eines romanischen Gliederbaues und eines antiken Tempels.

Die Sequenz freilich widerstrebt als ganze stärker dieser Architektonik; sie ist eine junge Gattung und hatte in der vorangegangenen Epoche, vielleicht vor wenigen Jahrzehnten, ihre „klassische Form" gefunden. Der einzelne Sequenzenvers indes erliegt gleichfalls dem Streben nach architektonischer Gestalt. Ja, gerade bei ihm ist ein Unterschied zwischen deutschem und französischem Formwillen leicht zu greifen[113]. Der französische Vers ist entschieden glatter, flüssiger, während der deutsche länger an der früheren Unregelmäßigkeit festhält — wohl nicht bloß aus Schwerfälligkeit, aus allzu großer

---

110 So sehr steht man also der rezitativen Art der Psalmodie fern. Das gilt von den Responsorien (hierzu vgl. auch: Wort und Ton bei Julian von Speyer, in: Der liturgische Gesang der abendländischen Kirche, 1950), das gilt von den Ordinaria, die stellenweise sogar die Takte zahlenmäßig ordnen. (Über das Verhältnis der Ordinaria zur Psalmodie soll eine weitere Studie berichten.)
111 Zum gesamten Offiziumsstile vgl. auch: Wort und Ton bei Julian von Speyer a. a. O.
112 Riemann hätte seine Freude daran haben können, wie sehr mit Ausnahme der Sequenzen und einiger französischer Modi in der Zeit der Modalrhythmik das gesamte Mittelalter den Auftakt bevorzugt.
113 Vgl. die „Studien zur älteren Sequenz".

Anhänglichkeit an frühere Formen, sondern auch aus der Vorliebe für die Wucht, die Schwere, die Breite der rhythmischen Bewegungen und des tonalen Geschehens.

21

Ex - sul · tent fi - li · ae   Si - on   in   re · ge   su - o

Nes · ci · en · tes tho · rum de · lic · ti cri · mi · ne sor · di · da · tum,
Qua · rum, Christe, spon · sus' vir · gi · num vir · gi · nis es   fi - li · us.

Cu · jus grati · æ   mi · ra o · pe · ra in sanctis tu · is sunt me · ri · ta,
Ut das cer · ne · re hac in vir · gi · ne, cu · jus hæc fe · sta sunt ho · di · e.

Quæ fra - gi - li   se - xu fe · mi - ne · o   vi ·
An - ge · li · cam hic vi · tam tra - xe · rat,   in

ri · li · ter car · nis iu · re   do · mi · to
car · ne dum præ · ter car · nem   vi · xe · rat.

Hoc mi - ra · tur ser · pens an - ti · quus cal ·
Quod no · ce · re   dum ma · chi · na · tur, sub

ce · ne · um e · · jus ob · ser · va · bat cal · li · dus,
pe · di · bus fe · mi · næ ca · put e · jus te · ri · tur.

In · si · di · as ho · stis hanc, Christe, do · cu · i · sti
Dum non con · sen · ti · ret, sed il - li re · si · ste · ret,

vir · gi · nem vin · ce · re   in pri · ma con · gressi · o · ne,
vin · ce · re qui so · let, temp · ta · tus si non re · pug · net.

81

6

Quem hæc vir-go re-si-stens a se fe-cit fu-ge-re,
Quo fu-ga-to ap-pro-pin-qua-vit ti-bi, Do-mi-ne.

Nam in-ter vir-gi-nes ad-duc-ta post e-am, quæ
Te a-gnum si-ne ma-cu-la iam se-qui-tur

ma-ter est in-tac-ta vir-gi-num vir-gi-nis
sto-la can-di---da, fi-li-um vir-gi-nis,

Ma-ri-æ di-gna est pe-dis-se-qua.
quo-cum-que, vir-gi-num flos, i-e-ris.

Cu-jus in-ter-ces-si-o-ne tu nos tu-e-re.

(Denkbar auch für die 4. u. entsprechenden Zeilen der Rhythmus:)

Quæ fra-gi-li se-xu fe-mi-ne-o vi-ri-ti-ter
usw.

Das Spätmittelalter

Hier zeigen die neugeschaffenen Gesänge bisweilen bereits als besonderes
Merkmal den Dreiertakt. Durch ihn aber wird aus dem Viererabzählen nunmehr eine taktische Ordnung. In ähnlicher Weise gesellt sich dem echten Takte
die Scheinmelismatik, die vorgetäuschte Taktfreiheit. Und wir beobachten
ferner die ersten Anzeichen einer Herrschaft der Terz. Der melodisch-tonale
Raum aber verliert seine Geschlossenheit. Die Konstruktion der Gesänge
beginnt von den Kadenzen, möglichst ausschließlich von ihnen aus zu erfolgen.
Die Melodie wird lockerer gestaltet: Sprünge und Tonwiederholungen (von
Akzent zu Akzent) beleben. So also beginnt der Tonraum (der tonale wie
auch der zeitliche), sich von der Gestalt des Kunstwerkes zu lösen, während
dieses bisher die Oktave der Tonart wie das Gefüge des Taktes oder

82

allgemeiner der Zeitordnung voll ausfüllte, und die Gestalt des Kunstwerkes findet ihren Halt jetzt in der Konstruktion allein. Die Umwandlungen des Spätmittelalters scheinen also leicht erklärbar zu sein.

Die Gregorianik

Die Gregorianik dagegen, ·also der Choral der ersten Periode außerhalb der Hymnen, kennt, von wenigen Ausnahmen abgesehen[114], nicht die in sich ruhende architektonische Gestalt. Wir sahen zunächst, wie die Gesänge als solche liturgisch der Ergänzung bedürfen, im Gegensatz zur Hymne, oder wie taktgerechtere Teile der Ergänzung bedürfen durch psalmodische[115]. Aber auch die konkrete einzelne Form weist aus sich heraus. Das soll nicht heißen, daß sie nicht Form sein, nicht symmetrisch sein dürfe, nicht Wiederholungen kenne (eine Wurzel der Gregorianik ist doch die Antike). Die musikalischen Sätze, die „gregorianischen Bögen" werden aneinander gereiht, nach Maßgabe des Textes einander angeglichen, nach Maßgabe einer Zahl. Aber die Wiederholungen sind meist frei, sie bedeuten meist ein Weiterentwickeln und bringen keinen Ausgleich, sondern eher eine Verstärkung der Bewegung, die im Einzelgliede enthalten ist. (Das muß freilich noch eine genaue Prüfung klären.) Dafür aber haben die Werke Bewegung, rhythmisch zum oder in den Schluß- fall hinein, tonal von der Tuba zum Finalton (oder auch im „Bogen" zur Tuba und von ihr zum Finalton). Aber diese Bewegung kommt eigentlich nur den Formeln zu, den Einleitungs- und noch mehr den Schlußformeln. Die Formeln also machen die Gestalt aus, die Formeln als Form für das „Pneuma", das den Sänger überkommt. Formeln bedeuten aber, daß die Kompositionen nicht individuell gestaltet werden, daß sie im Grunde kein Recht auf Eigenleben, auf Eigengestalt haben, und in der Tat erliegt diese Musik ja weitgehend der „Gefahr", außerhalb des Melismas auf das psalmodische Rezitativ beschränkt, d. h. völlig dem Texte unterworfen zu werden. Und so sehen wir, wie diese Melodik wesentlich durch Tonwiederholungen gekennzeichnet ist, die allerdings in den melismatischen Gesängen meist ornamental verkleidet sind. Auch zum Texte verhält sich diese Musik anders als die des mittelalterlichen Chorals: diese bemüht sich, ihm — in der prosaischen Form in seinem grammatischen Gefüge, in der Versform überdies auch als Vers nachzugehen, sich

---

114 Die P. Lukas Kunz leider nicht als solche kennzeichnet in seiner sonst so vortrefflichen Arbeit „Aus der Formenwelt des gregorianischen Chorals", 1947 ff.
115 Daß der Psalmvers bei der Communio, ja sogar beim Offertorium, wo er vom Solisten gesungen wird und höchste Kunstentfaltung bedeutet, gestrichen werden kann, mag als Entartung gewertet werden, ebenso, wenn sich beim Responsorium — unter gallikanischem Einflusse — eine gekürzte Form entwickelt. Aber selbst die Melismen können gekürzt werden — und zwar geschieht dies in der klassischen Zeit.

83

ihm nachzubilden und dabei die eigene Gestalt sich zu erwerben, aber auch die Gestalt des Textes in der Musik zu vollenden. Denn Dichter und Komponist sind in der Regel eine Person. Und dies gilt auch für die Prosaoffizien seit dem 9. oder 10. Jahrhundert. Ihre Texte sind nicht irgendwie fertigen Werken, Heiligenviten und ähnlichen Schriften, entlehnt, sondern wahrscheinlich vom oder mindestens für den Komponisten verfaßt. Bei jener Musik aber ist der Text unabhängig von und vor der Musik vorhanden, wenn er auch gewissen Forderungen angepaßt wird[116].

Die Gestalt jener Musik ist also nicht konstruktiv, architektonisch; zwar können die Formeln als „Interpunktionsmelismen" nicht willkürlich verwandt werden. Es stehen sich Formeln für Binnenschluß — „Mediante" — und Hauptschluß gegenüber — aber nicht so, daß eine bestimmte Formel eine andere notwendig bedinge, oder daß gar auf diesem Gegenüber weitergebaut würde: vielmehr ist auch diese Paarung fast als etwas Formelhaftes zu bezeichnen. Nein, jene Musik will nicht sich bauen, sie will nur zu einem Ziele führen. Dieser Gestaltwandel von der Gregorianik zum Mittelalter geht Hand in Hand mit einem ebenso tiefgreifenden Wechsel in der bildenden Kunst. Ob wir im Bezirk der Architektur etwa die Aachener Palastkapelle mit S. Vitale in Ravenna vergleichen, das dem Dome Karls des Großen vielleicht als Vorbild gedient hat, oder ob wir ein sonstiges echt-romanisches Münster mit einer Basilika Roms vergleichen — bei allen Ähnlichkeiten im Stile ist der grundlegende Wandel nicht zu übersehen: Die Palastkapelle zu Aachen — errichtet auf einem ganz ähnlichen Grundriß wie jene gewichtslosen Kuppeln, jene ornamental verkleideten Mauern in Ravenna — wirkt als konstruktiver Bau, wie der mittelalterliche Choral konstruktiv wirkt.

Die altchristliche Hymne erinnert viel stärker an die Gestalt des mittelalterlichen Chorals. Aber bei ihr kehrt das Ende zum Anfang zurück: die Gestalt wird nämlich vom Ambitus her gewonnen, der in der Mitte der Komposition sich verlagert, im letzten Verse aber meist dem des ersten gleicht (ohne daß die Melodien der Eckverse sich unbedingt gleichen müßten). Die mittelalterliche Hymne oder der mittelalterliche Choral überhaupt aber stellt die einzelnen Verse oder Teile gegenüber und faßt abschnittsweise zusammen: es entsprechen sich 1. und 3. oder 2. und 4. Teil usw. So hat diese den Weg in die „Umwelt" zur Ausweitung trotz ihrer Geschlossenheit offen — die alte Hymne könnte nur noch von innen heraus ausgedehnt werden, durch Vergrößerung der Maßstäbe. Sie ist letzthin für sich, wie eine antike Plastik, ein antiker Tempel für sich da ist.

---

116 Nebenbei freilich: Man betrachte diese dienende, zweckhafte Rolle der älteren Musik nicht als ein Kriterium geringeren Wertes. Vielleicht ist sogar die kompositorische Leistung trotz aller Formelhaftigkeit größer.

22

Iam sur·git ho·ra ter·ti·a,   Qua Christus a·scen·dit cru·cem.

Nil in·so·lens mens co·gi·tet,   In·ten·dat af·fec·tum pre·cis.

Die karolingische Musik

Viel schwieriger ist das Problem unserer 2. Periode, der karolingischen Musik (obwohl die Kunstgeschichte gewillt ist, in der karolingischen Kunst die Keime der abendländischen zu sehen). Es handelt sich um die Sequenz und den Tropus. Die Sequenz: Ihre Gestalt weicht von allen bisher erörterten Gestalten ab. Sie ist nicht architektonisch gefügt, wie die mittelalterliche, nicht fließend, wie die gregorianische, nicht in sich geschlossen, wie die antike — sie ist offen wie eine Reihe, fast willkürlich begrenzt wie das gregorianische Melisma, doch auch mit Entsprechungen, mit Rückblicken. Aber vergegenwärtigen wir uns die Elemente dieser Kunst. Zu ihnen gehört die Verdoppelung — sei es der einzelnen Verse, sei es die des großen Ablaufs (mit Ausnahme etwa der Einleitungs- oder Schlußverse) oder auch die der Verse wie des gesamten „Cursus". Doch gibt es auch Sequenzen, die auf diese Verdoppelung verzichten, oder wenigstens sie unregelmäßig gestalten, durch unverdoppelte Verse durchbrechen. Der einzelne Vers aber besteht aus aneinandergeketteten Motiven und einer Schlußkadenz, die meist das ganze Werk hindurch sich gleichbleibt oder noch von einer zweiten abgelöst wird. Das „Motiv" aber besteht aus einer fallenden Bewegung (rhythmisch fallend von einem Schwerpunkt in den Endungs- oder Nebenton, tonal fallend von einem höheren Ton in den Finalton oder doch einen tieferen Ton). Der Auftakt aber steht sozusagen außerhalb der formalen Entwicklung: er kann fehlen oder bis zu Motivgröße anwachsen. Dabei kommt jedem Ton eine Textsilbe zu. Woher stammen aber diese Elemente? Vernachlässigung des Auftaktes ist germanisch[117].

---

117 Freilich hat A. Heusler (Altgermanische Dichtung, S. 31, oder: Deutsche Versgeschichte, Berlin 1925/29) diese Vernachsässigung anders charakterisiert, als das hier geschieht. Nach Heusler hat der Vers seinen feststehenden Rhythmus: l o l o und der Auftakt muß sich in diesen Rahmen einfügen: ♩♩ l o oder l♩ ♩♩ l o oder l♩ ♩ ♫♫ l o usw. Doch ist dies eine Theorie Heuslers, und es wäre durchaus denkbar, daß diese Auffassung vom Auftakt preiszugeben ist und der Auftakt und überhaupt der Rhythmus des germanischen Verses mehr in der Art

Das fallende „Motiv" findet sich auch in der Gregorianik — dort als Kadenz, hier aber gerade nicht als Kadenz. Als Kadenz erscheint vielmehr ein anderes, meist sich gleichbleibendes Bewegungsglied. Auch hier kann man an den germanischen Vers denken, dessen letzter Stab nicht reimte, also doch wohl beim gesungenen Vortrage für die Kadenz vorbehalten war.

Eine große Rolle spielt der Akzent, der Wortakzent, vor allem bei den Sequenzen, die auf deutschem ostfränkischem Boden entstanden sind. Aber hier ist zweifelhaft, ob diese Rolle des Akzentes nicht erst nachträglich entstanden ist. Immerhin: Sehen wir auch vom Wortakzent ab, so bleibt doch wohl bestehen, daß der Sequenz ein scharfer Iktus, also wenigstens ein musikalischer Akzentton eigentümlich ist, und den könnte man wohl auch am ehesten nördlich der Alpen suchen. (Die Antiphonen kennen zwar — angeblich unter syrischem Einfluß — eine Berücksichtigung des Wortakzents, aber dieser konnte nicht verhindern, daß die Melismen über ihn hinwegströmten, so daß er in solchen Fällen nur im Pressus noch sich kundgab.)

Im übrigen darf nicht unerwähnt bleiben, daß es sich bei diesen Gesängen um lateinische Texte handelt, und daß die Melodien wohl von Anbeginn für lateinische Texte bestimmt waren[118]. Das hat nichts damit zu tun, daß höchstwahrscheinlich die Melodie und nicht die Dichtung zuerst konzipiert wurde. Aber freilich ist auch dieser Umstand, daß die Sequenz eine mehr musikalische denn dichterische Form ist, wesentlich. Woher aber stammt diese musikalische Priorität? Nach allem, was wir von der altchristlichen Kirchenmusik wissen, nicht von ihr. Vielleicht aus der Antike, aus der Kunst des Mimus; wahrscheinlich aber aus eigenem Besitztum Nord- oder Nordwesteuropas[119].

---

der Sequenzen gesehen werden muß. Daß also die Verse: „ibu dir in ellen taoc" und „do sie to dero hiltiu ritun" nicht rhythmisiert werden:

[musical notation] und [musical notation]

sondern etwa: [musical notation] und [musical notation]

was durchaus nicht dasselbe ist wie: [musical notation] oder gar: [musical notation]

Dieser letzte Rhythmus zeigt sich erst in den Sequenzen des Übergangsstiles (vgl. meine Studie zur Sequenz). Heusler projiziert letzthin ganz bedenkenlos und unbewußt die modernen Takt in die germanische Vorzeit. Wichtiger aber ist, daß der Auftakt der Sequenz nicht völlig vernachlässigt wird: vor allem wird er von den korrespondierenden Versen in gleicher Weise gebracht. Er ist also für das einzelne Motiv unwesentlich, doch für den Vers von Wichtigkeit. Ähnliches gilt aber auch für den germanischen Vers, der doch gern gewisse Typen einhält und für den Bau dieser Typen auch die unbetonten Silben heranholt. Diesen Sieversschen Typen wird allerdings Heusler nicht voll gerecht. Es scheint, daß mit einem Prinzip der germanische Vers nicht zu erklären ist.

118 Es fehlt also der einsilbige Versschluß — ganz unterschiedlich vom germanischen Verse. Doch sei auch nicht übersehen, daß der dreisilbige, mit Nebenakzent auf der letzten Silbe, vorherrscht.

119 An sich ist diese enge Verquickung von Instrumental- und Vokalmusik typisch für das Mittelalter, wo dauernd die Unklarheit besteht, ob diese oder jene Melodie primär oder sekundär instrumental oder vokal gemeint sei — bis zu den Cantionen, bei denen sich diese Unklarheit als Umdeutung des Melismas zeigt.

Daß jedem Ton ausdrücklich nur eine Silbe zukam, ist vielleicht ein Zeichen von betonter Schlichtheit, Volkstümlichkeit und jedenfalls von Abneigung gegen die Melismatik. Auffällig bleibt dabei, daß der nächste Verwandte der Sequenz, der Tropus, sich nicht so folgerichtig einstellt. Man möchte also annehmen, daß der Tropus sich an die Gregorianik angliederte und seine Beziehungen zum Melisma von dorther entstanden sind. Im übrigen ist die grundsätzliche Ablehnung des Melismas, der Ornamentik nicht gregorianisch. Selbst die Psalmodie erlaubte auch in einfachen Gesängen Ziertöne und begünstigte sie sogar. Die Antike kannte gleichfalls mehrtönige Silben, vor allem grundsätzlich für den Zirkumflex[120]; desgleichen kennt die syrische Musik auch bei den einfacheren Weisen wenigstens gelegentlich Ziertöne. So ist dieser Umstand stets als nördliches Element gedeutet worden; man sollte lieber sagen: als Merkzeichen einer Musik, die in Einzeltönen denkt, die konstruktiv werden kann.

Die Verdoppelung ist ein uraltes musikalisches Hilfsmittel; sie ist z. B. auch in dem Alleluja-Jubilus zu Hause, wie auch sonst bei Melismen der Gregorianik. Hier aber handelt es sich um die grundsätzliche Verdoppelung, sei es der Strophe, sei es des „Cursus", des Gesamtablaufs. Besseler vermutet, daß für diese Technik die syrischen Qâlē mit ihrer „Verdoppelung unregelmäßig wechselnder Zeilen" Vorbild seien. Indessen sind diese Wiederholungen in den Qâē kein notwendiges Element, sondern auch nur gelegentliche Erscheinung — vor allem aber sind die Qâlē dazu bestimmt, „im antiphonischen oder responsorialen Vortrage Psalmversen, beziehungsweise den beiden Hälften der trinitarischen Doxologie verbunden zu werden[121]. Und „dieses Grundschema trennt den Qâlē von der Sequenz so himmelweit als möglich[122]". Auch wird man nicht sagen können, daß der doppelchörige Vortrag der Psalmen Ursache der Sequenzverdoppelungen gewesen sei. Warum zeigen denn andere Formen keine Verdoppelungen? Und wir werden sehen, daß auch in den Sequenzen die Verdoppelung erst sich durchsetzen mußte, wenigstens bei denjenigen, die am meisten ein liturgisches, choralhaftes Gesicht hatten, den allelujatischen. Freilich, war sie einmal da, so bot der vorhandene[122a] Doppelchor die günstigste Aussicht für dieses Formprinzip.

So scheint es, daß man sich vergeblich nach einem fremden Vorbild für diese grundsätzliche Verdoppelung umsehen wird, so daß wir die Berechtigung haben, sie als ein Eigentum der nordischen (keltisch-germanischen) Musik zu

---

120 Vgl. auch Georgiades: Der griechische Rhythmus, Hamburg 1949, S. 40.
121 Vgl. Baumstark: Geschichte der syrischen Literatur, Bonn 1922, S. 47.
122 Briefliche Mitteilung Herrn Prof. Baumstarks.
122a Wenigstens für Gallien darf er vorausgesetzt werden. (Hierauf möchte ich in meinen „Anfängen der abendländischen Musik" eingehen.)

betrachten, was nicht ausschließt, daß mittelmeerische Keime aufgenommen wurden[123].

Die Form der Sequenz hat man aus dem Alleluja-Jubilus ableiten wollen. Aber zu vieles widerspricht: die Motivik, die Schlußkadenz von unten, das gesamte tonale und rhythmische Verhalten letzthin. Man vergleiche einen Jubilus und eine Sequenz. Obwohl zweifellos in manchem Falle die Sequenz an das Alleluja anknüpft, kann von einer Übereinstimmung der einen Form mit der andern keine Rede sein[124]. Selbst wenn man aber die Notkersche „Legende" nicht so verstehen will, daß die Sequenz durch unmittelbare Textierung von Alleluja-Melismen entstanden sei, sondern daß gleichzeitig eine Umwandlung der Melodie stattgefunden habe — diese Umwandlung ist so grundsätzlich, daß man sich fragt, was denn noch, geistig gesehen, gemeinsam sei?

Der Sequenzenkomponist hat einige Bewegungen nachgeahmt, einige Spitzentöne übernommen; das mag zuzugeben sein. Aber im Grunde hat er neu gestaltet. Ferner aber stellen die an ein bestimmtes Alleluja anknüpfenden Sequenzen nicht immer den regelmäßigen „klassischen" Typ der sogenannten Notkerschen Sequenzen dar. Einesteils finden sich unter ihnen und anscheinend nur unter ihnen Sequenzen ohne Wiederholungen. (Die nicht-allelujatische Sequenz „Duo tres" bringt verdeckte Wiederholungen.) Andernteils besitzen die allelujatischen Sequenzen Freiheit bezüglich der Schlüsse, die die anderen nicht kennen; d. h. sie bringen Quart-, Terz-, Sekundschlüsse — und zwar wesentlich in Anlehnung an das Vorbild des Allelujas, so daß man annehmen möchte, daß das System der Schlüsse und Wiederholungen fertig vorlag, bevor allelujatische Sequenzen unter seinem Einflusse geformt wurden. Handschin[125] stellt übrigens der Sequenz das Gesamtalleluja, d. h. einschließlich des Verses, gegenüber[125a].

24

123 Eine Verdoppelung in ähnlicher Intensität gibt es im Bereich der bildenden Kunst schließlich auch nur beim Ornamente der Völkerwanderung, wo Tiere, Vögel fast unkenntlich und zu Linien geworden sind, die, kontrapunktisch zu zweien einander diametral gegenüber angeordnet, sich ineinander verschlingen. Doch kann ich nicht unterlassen, auf Holmqvist (a. a. O.) hinzuweisen, der ähnliche Verdoppelungen im koptischen Ornament feststellte; aber den östlichen Ornamenten fehlt doch noch viel zur Kontrapunktik der nordischen.

Re - gnan-tem sem-pi - ter- na
Per sae - cla sus-cep-tu - ra,

Et vir-go si - ne ru-ga, ho - no-rem hu-jus ec - cle-si-ae.

Cui ju - bi - lant a-gmi-na
Quem ex - spec-tant om-ni - a

Et lu - mi - ne con-ti-nu-o
Et cor - po-ra in gre-mi-o

Lae - ta - - - tus sum in his quae dic - -

cae-li-ca e-jus vul-tu ex - hi-la - ra - ta,
ter-re-a e-jus nu-tu ex - a-mi-nan-da,

ae-mu-lans ci-vi - ta-tem si - ne te - ne-bris
con-fo-vens a-ni-ma-rum quae in cae-lo vi-vunt

- - - - ta sunt mi - - - hi

124 Damit erledigt sich zunächst der Versuch Cl. Blumes, in den „melodiae longissimae" vorgregorianische, d. h. von Gregor noch nicht gekürzte stadtrömische Melismen zu erblicken.

125 Über Estampie und Sequenz. Zschr. f. Musikwissensch., 13, 123 f.

125a Die Alleluja-Übertragung erfolgt mit Vorbehalten.

126 Anderer Ansicht ist Gennrich: Formenlehre des mittelalterlichen Liedes, Halle 1932, S. 107 ff. Aber die Übernahme von Melodieteilen und Gliederungselementen einzelner gregorianischer Allelujagesänge ist etwas anderes als die Ausbildung

einer so verschiedenen Form. Der Sequenzenkomponist hat die Alleluja-Abschnitte zerhackt, verdoppelt, einzelne Teile verworfen, dafür andere eingefügt, hat melodisch-tonal umgeformt, rhythmisch umgestaltet — und das alles soll geschehen sein ohne ein bereits vorliegendes Formvorbild, ohne ein genaues Formwissen, nur in einem dunklen Drange?

127 Vgl. Analecta hymnica Bd. 49, Nr. 515 ff. — Doch sind es nicht Tropen in vollem ursprünglichem Sinne, da nicht der Text, sondern nur die Melodie, bestenfalls die Schlußsilbe „a" von *Alleluja* tropiert wird (a. a. O., S. 266).

Wie das Beispiel zeigt, entbehrt auch diese Gegenüberstellung nicht einer gewissen Berechtigung. Der Komponist hat auch hier einige Bewegungen nachgeahmt, einige Spitzentöne übernommen. Aber von einer Übereinstimmung, auch nur im „pneumatischen" Sinne, kann trotzdem keine Rede sein. Zwischen Alleluja und Sequenz klafft der Unterschied grundsätzlich verschiedener Gestaltungsregeln[126].

Cl. Blume hat versucht oder vorgeschlagen, die Sequenzen aus den Versus ad sequentias abzuleiten, d. h. aus den Alleluja-Tropen[127]. Es sind das kurze

Tropen, die in die Alleluja-Melismen eingeschoben sind und den melismatischen Gesang unterbrechen, „tropieren". Indes ist der Tropus nicht das, was die Sequenz eigentlich von Anbeginn ist: eine selbständige Komposition. Woher kommt die Selbständigkeit denn? Der Tropus kennt auch nicht die Verbindung vom einzelnen Ton mit einer Silbe oder die Rhythmik der Sequenz als Gesetze. Sie können bei ihm vorkommen, neben antiphonalen oder hymnenähnlichen Formen; so wäre eher hier der Tropus ein Beschenkter. Ebensowenig besitzt der Tropus — von Ausnahmen abgesehen — die Verdoppelung, und eher könnte er sie von der Sequenz als diese von ihm entlehnt haben[128]. Was da nun die Sequenzen anbetrifft, die sich unmittelbar aus diesen „Tropus ad sequentias" entwickelt haben[129], so erwecken sie zunächst fast den Eindruck, als ob es sich um Tropen zu diesen Tropen handle (wie es solche Tropen „in der zweiten Potenz" ja tatsächlich gibt), und es ist vor allem eine Melodie (Tropus: *„Rex in aeternum")*, die mit Sequenzentexten (Typus: *Refulgens)* bedacht wurde. Im übrigen sind auch diese Melodien keineswegs gregorianisch[130].

25

1 Ful - gens prae - - cla - ra

2 Ru - ti - lat per or-bem ho-di-e di-es, in qua Chri-sti
De ho-ste su-per-bo quod Je-sus tri-um-pha-vit pul-chre

lu-ci-da nar-ran-tur ov-an-ter proe-li-a,.
ca-stra il-li-us per-i-mens tae-ter-ri-ma.

128 Im übrigen bedeutet eine solche Verdoppelung bei den Tropen meist nur eine textliche Angelegenheit. Musikalisch tritt sie nicht in Erscheinung, da der antiphonale Stil der Tropen verschiedene Vertonung der gleichgebauten „Strophen" verlangt.
129 Die Annahme, daß der Tropus nicht in ein Alleluja, sondern in eine fertige Sequenz eingeschoben worden sei, hat bereits Cl. Blume widerlegt. Es sind bei den verschiedenen Sequenzen stets die gleichen Strophen: 5, 9, usw., bisweilen oder besser meist auch der gleiche Text, der also eng mit der Melodie verbunden ist, bevor diese mit Sequenzentexten verbunden wird. Daß zur Zeit der Niederschrift diese Allelujas bereits Namen besitzen, die die Kenntnis der Sequenzen meist voraussetzen, besagt nichts.
130 Zugrunde liegen die Neumen der Handschrift Paris NB lat. 1084; benutzt wurde ferner noch die Handschrift Brüssel 11396. Der Text der späteren Sequenz ist kursiv gedruckt. — An den durch ? gekennzeichneten Stellen ist wohl eine Viertelnote zu lesen.

3 In-fe-lix cul-pa E-vae, qua ca-ru-i-mus om-nes vi-ta.
  Fe-lix pro-les Ma-ri-ae, qua e-pu-la-mur mo-do u-na.

4 Be-ne-di-cta sit cel-sa re-gi-na il-la,
  Ge-ne-rans re-gem spo-li-an-tem tar-ta-ra

5 Pol-len-tem iam in ae-thera. Rex in ae-ter-num, sus-ci-pe be-ni-gnus
  Pa-tris se-dens ad dex-teram, Vic-tor u-bi-que morte su-pe-ra-ta

prae-co-ni-a no-stra se-du-le ti-bi ca-nen-ti-a,
at-que tri-um-pha-ta po-lo-rum pos-si-dens gau-di-a.

6 O magna, o cel-sa, o pulchra clementi-a Christi lu-xi-flu-a, o al-ma.
  Laus ti-bi honorque ac virtus qui nostram an-tiquam le-vi-a-sti sar-ci-nam.

7 Ro-se-o cru-o-re agni be-ni-gnis-si-mi empta florida micat haec aula.
  Po-ten-ti vir-tu-te nostra qui la-vit fa-ci-no-ra tri-buit dona ful-gida.

9 Stirpe Da-vi-di-ca Or-tus de tri-bu Ju-da, le-o potens, sur-re-xisti in
  Fundans o-lim arva Re-gna petens su-pe-ra, iu-stis reddens praemi-a in

glo-ri-a. A-gnus vi-sus es in ter-ra,
sae-cu-la Di-gnan-tur o-van-ti-a.

usw. ...

Die Tropus ad sequentias gehören zweifellos ihrem hohen Alter und ihrer primitiven Form zufolge in die Entstehungszeit der Sequenz. Aber um sie als den Keim der Sequenzengattung betrachten zu dürfen, fehlt noch einiges. Von der Gregorianik kann diese Musik nicht abstammen. Handschin weist weiterhin auf die Sequenzen des doppelten Cursus hin, von denen die „Musica

94

enchiriadis" ein Beispiel ohne Alleluja-Verknüpfung bringt, und vermutet also, daß diese erst später hinzugetreten sei. Er datiert die Sequenz der „Musica enchiriadis" „vor 876", d. h. ins 8. Jahrhundert[131], die älteste allelujatische aber erst auf die Mitte des 9. Jahrhunderts. Aber es ist nicht erwiesen, daß die allelujatische Sequenz nicht längere Zeit vor der ältesten Niederschrift eines Beispieles existiert hat[132]. Läßt sich somit zeitlich nichts für die allelujafreie Sequenz ausmachen, so bleibt auch noch unklar, wie eine Form, wenn sie fertig, d. h. nicht bloß musikalisch fertig, vorliegt, sondern auch mit kirchlichem Texte versehen ist, sich in den Schutz des Allelujas begeben muß, allelujatisch wird und dann wieder sich von dieser Vormundschaft frei macht. Warum denn in den Schutz gerade des Allelujas?

Wie aber ist der Vorgang denn zu erklären? — Man muß davon ausgehen, daß das gregorianische Alleluja keine alte Form ist; insbesondere aber scheint sein Vers erst auf Gregor den Großen zurückzugehen[133]. Dieser dürfte die langen Melismen[134] durch Verse ersetzt oder umgestaltet haben[135]. Noch deutlicher sind die Verse des ambrosianischen Allelujas spätere Zutaten. So darf man also annehmen, daß das vorgregorianische Alleluja schlechthin, also auch das gallikanische keinen Vers besaß. Man darf ferner bei diesem gallikanischen Alleluja auch zahlreiche Verdoppelungen erwarten. Besaß doch selbst das gregorianische einige oder besser: noch einige und das ambrosianische bereits sehr viele. Diese Annahme ist also durchaus naheliegend. Über Tonalität und Rhythmus des fränkisch-gallischen Allelujas wissen wir freilich nichts. Hier läßt sich also unmittelbar nichts beweisen, noch weniger freilich etwas widerlegen.

Mit dem Augenblicke der Liturgieverschmelzung bestand nun die Möglichkeit und wohl auch die Neigung, gallikanische Melodien in die nördlichgregorianische Messe einzuführen. Freilich, sie waren verslos. So möchte man annehmen, daß die Tropen ad sequentias als Tropen bei gallikanischen Alleluja-Melodien den Versuch darstellen, vermittels einer geläufigen Technik über diesen Mangel hinwegzukommen. Diese Tropen sind fast syllabisch, doch beachte man bei dem oben wiedergegebenen Beispiel die Verse: *Leo potens surrexisti in gloria*, die offensichtlich auch rhythmisch aus dem Zusammenhang fallen. Auch ist der Tropus kleiner an Umfang als die Sequenzenstrophe; man hat eingeschoben, und zwar so, daß die zweite Hälfte des ursprünglichen

---

131 Das ist freilich weit zurückdatiert! (in: Die Rolle der Nationen, S. 7).
132 Zumal, wenn man — mit Handschin u. a. — Notker als Erfinder der Sequenz ablehnt.
133 Vgl. P. Wagner: Einführung I (1911) S. 93.
134 An sie denkt u. a. Cl. Blume bei der Entstehung der Sequenzen.
135 Von Tropen kann man dabei nicht reden. Die Gestalt spricht in der Regel gegen eine Textunterlegung unter unverändert gebliebenen Melismen.

Verses oder Alleluja-Abschnittes als „melismatische" Fortführung der Schluß-
silben der Tropuszeilen erscheinen konnte. Üblicherweise wird sonst der Tropus (insofern er eingeschoben wird) an den Hauptabschnitten der Gesänge
eingefügt, nicht inmitten der Melodieteile. Was ferner die Verdoppelung
betrifft, so lag sie bereits in der tropierten Melodie vor. Der Tropus als
solcher würde auf Grund seines antiphonalen Stiles verschiedene Vertonung
der sich entsprechenden Glieder verlangt haben. Daß diese Forderung sich
nicht durchsetzte, kann nur so erklärt werden, daß man die bereits vorhandene
Paarigkeit der Melodie nicht zerstört wissen wollte[136]. So spricht nichts gegen
und mancherlei für die Annahme, daß Ausgangspunkt der Sequenz gallikanische Allelujamelodien sind.

Die Weiterentwicklung könnte sich dann so vollzogen haben, daß man die
ganzen Melismen mit Text versah, dabei auch die mehrtönigen Silben tilgte,
die sich bei den Tropen noch hatten einschleichen können, daß man dann
auch gregorianische Melismen — oder auch das gesamte gregorianische Alleluja, ebenso wie das gesamte gallikanische — nach diesem Vorbilde mit Text
versah, wobei man das gregorianische Alleluja stilistisch dem gallikanischen
Stile anpaßte. Weiterhin aber, da dieser Versuch nicht ohne weiteres die
gewohnte Wiederholung der Abschnitte brachte[137] und auch sonst gewaltsam
war[138] und also wenig befriedigen konnte, daß man die textierten gallikanischen Alleluja-Melismen an die Stelle des zu wiederholenden gregorianischen Allelujas, des Schlußteiles brachte. Damit hatte man der liturgischen
Forderung und den eigenen stilistischen Wünschen Genüge getan. Und verwandte man einmal nicht-gregorianische Melodien, so war jetzt auch das Tor
geöffnet für andere volkstümliche Melodien, wofern sie nur stilistisch gleichen

---

136 Die Handschrift vergißt nicht, immerfort durch d (dupliciter) die Wiederholung
der Teilstücke zu fordern. Dem d steht gelegentlich ein s (simpliciter) gegenüber.
137 Man muß — entgegen Gennrich, a. a. O., S. 125 — die repetitionslose Sequenz im
Bereich der gregorianisch bedingten Gesänge für die ältere Form halten, weil sie
der Vorlage näher bleiben.
138 Vgl. die „Studien zur älteren Sequenz".
139 Von dieser Entwicklungsreihe: versloses gallikanisches Alleluja (Carmen der
Pariser Hs. 1084?) — tropiertes gallikanisches Alleluja — allelujatische Sequenz
auf Grundlage des gallikanischen Melismas an Stelle des gallikanischen Allelujas
— allelujatische Sequenz auf Grundlage des gregorianischen Jubilus oder des
gesamten gregorianischen Allelujas als Schlußteil des Allelujas — Sequenz belie-
biger Herkunft als Schluß des Allelujas — sind die drei ersten Glieder als Ersatz
des gregorianischen Allelujas, d. h. des Gesamtgesanges, zwar nicht quellenmäßig
zu beweisen, aber doch überaus wahrscheinlich. Das vierte Glied, das form-
geschichtlich ziemlich bedeutungslos ist und eine Sackgasse darstellt, erhält so
einen geschichtlichen Sinn. Insbesondere aber wird die Sequenzierung des gregorianischen Gesamtallelujas so erst verständlich — als Nachwirkung der
Sequenzierungen des gallikanischen Gesamtallelujas. Wie käme man sonst dazu,
statt des Schlußteils den gesamten Gesang zu wiederholen: statt All. All. Vers
All. nun zu singen All. — All. — Vers. — All. + Vers (= Sequenz)?

Charakter zeigten[139]. Daß diese Entwicklung der „Notkerschen Legende"
weitgehend entspricht, darf wohl gesagt werden.

Auf weitere Einzelheiten der Entstehungsgeschichte, so auf die m. E. zu gering
veranschlagten Rollen Notkers und Hucbalds einzugehen, verbietet der be-
schränkte Raum. Man möchte aber aus ihnen schließen, daß tatsächlich das
gallikanische Alleluja weltliche oder gar heidnische Verwandte besaß. Und so
hätte die Sequenz also außer ihrer Geschichte als liturgische Form noch eine
gleichsam unterirdische, verborgene Geschichte als weltliche Form. Es besteht
keine Veranlassung, diese Vorgeschichte außerhalb des gallikanischen Bereichs,
d. h. außerhalb des Karolingerreiches zu suchen. Doch wären Einwirkungen
der Angelsachsen und Iren bei ihrer engen Verflechtung mit dem Franken-
reiche durchaus denkbar.

Über diese allgemeine Annahme hinaus ist die Frage, ob die Keimelemente
der Sequenz nur keltisch oder auch germanisch waren, nicht zu beantworten,
wie ja auch in der Kunstgeschichte, etwa bei der Ornamentik, der vorzüg-
lichsten Kunstform der Völkerwanderungszeit und der nachfolgenden Jahrhunderte, keltisch und germanisch kaum zu trennen sind.

Vergleichsmaterial heranzuziehen ist unmöglich; nirgendswo lassen sich ein-
wandfreie altgermanische Melodien finden[140]. Die unbegrenzte Möglichkeit,
die Motive in Versen zu „reihen", weist an sich stärker auf den irischen Vers
hin, der als Stabreimvers zwar dem germanischen eng verwandt war, der aber
nicht „architektonisch" stabte, also nicht dem ersten Stab des zweiten Halb-
verses mindestens einen Stab des Vorderhalbverses entsprechen ließ. Er reihte
vielmehr, d. h. er fügte die Stäbe so lange aneinander, bis ziemlich willkürlich
(willkürlich, weil wir die bestimmende Musik nicht kennen) ein neuer Reim
hervorgeholt wurde. Doch sind auch manche Sequenzen architektonisch
gebaut, so daß man sagen müßte, die Sequenzen schwanken zwischen irischer
Reihenfreiheit und germanischer Architektonik.

Und noch in einer anderen Weise protestieren die Germanen gegen die
Reihung — diesmal deutlich die Germanen, nämlich Notker oder die St.-Galler:
sie schieben einige Einzelmotive oder Teilverse ein, oder nehmen einigen Versen ihre Zwillingsbrüder. Es handelt sich um jene nicht „vollkommenen"

---

140 Auch die „Rimur" Islands, die Moser anführt und die auf den ersten Blick an
den freien motivischen Rhythmus der Sequenzen erinnern können, sind jung
(a. a. O., S. 49); es handelt sich um ganz typische 4hebige Gebilde, bei denen die
Pausen, Längen oder Auftakte zwischen den Versen in Fortfall gelangen. Vergleiche etwa die Weise: „Margur reynir"!

(Thorsteinsson, Bjarni: Islenzk Thjodlög, S. 856). Vgl. ferner: Leifs: Isländische
Volksmusik und germanische Empfindungsart. Die Musik 16 1923 4, S. 43 ff.

Sequenzen der Entwicklungsstufe „Laudes Deo" (vgl. die Notkersche „Legende"). Äußerlich ist die Verdoppelung durchgeführt, aber einzelne mit Absicht belassene oder eingefügte Weisen stauen den Fluß[141]. Der gleiche nördliche Ursprung liegt m. E. bei den Tropen vor, den Interpolationen, Einschiebseln. Daß sie tonal und rhythmisch den Sequenzen nahestehen, läßt sich zwar nicht unbedingt sagen. Für die Verwandtschaft sprächen aber die Priorität der Melodie vor dem Texte (wieder in dem Sinne, daß wahrscheinlich doch die Melodie bestimmt war, einen Text zu erhalten), die nahen Beziehungen zur Mehrstimmigkeit sowie geschichtliche Gründe. Vor allem aber sei an die gestaltzerstörende Technik der Tropen erinnert. Der Tropus — so wie er sich entwickelt hat — ist letzthin keine Form, sondern ein Prinzip, umzuformen, übernommene alte Formen ihrer Gestalt zu berauben und eigene Gedanken einzuflechten, die plötzlich, manchmal mit großer Schönheit, aufleuchten und den alten Gesang in einem neuen Licht, einem neuen tonalen und gedanklichen Zusammenhang zeigen[142]. Wo die alten Gesänge Absätze hatten — größere oder kleinere, das war belanglos —, da wurden die neuen Texte und Melodien ein- und angefügt. Dabei ist die Aufzeichnung der Analecta hymnica fast noch irreführend. Denn die einzelnen Tropen (unserer Periode wenigstens) haben bald ihren Zusammenhang verloren. Es wird bei einer neuen Veröffentlichung der Tropen schwerfallen, auszumachen, welche Verse ursprünglich zusammengehört haben. Es sind zum Schluß fast nur Einzelverse, die der Ornamentierung dienen[143].

Wie aber kann dieser Tropus entstanden sein? Wo ist er zuerst aufgetreten? Welche Form darf man als die älteste ansetzen: die des Tropus zum Introitus (und zu den anderen altgregorianischen Gesängen) — hier bei diesen Introi-

---

141 Man könnte diese Stauung als Keim einer deutschen Kunst, als frühe deutsche Einstellung bezeichnen, und es ist wohl nicht zu verkennen, wie trotz der Unregelmäßigkeit dieser „Waisen" oder des Umbaues einzelner Verse die Architektonik gefördert wird, die wir als eigentümlich für die 3. Epoche und wesentlich für die deutschen Werke dieser Epoche nach Maßgabe des benutzten Materials bezeichnen konnten. Umgekehrt liegt es nahe, diese unbegrenzte Möglichkeit zu reihen als germanisch-keltische, als nordische „Gestaltlosigkeit" zu deuten. Freilich in dem Sinne, daß man unter Gestalt die Körperhaftigkeit versteht, die leiblich runde Geschlossenheit eines lebendigen Ambitus, oder die architektonische Symmetrie, die unter der Hut von Baugesetzen steht.

142 Haben wir für die Paarigkeit der Sequenz das Beispiel in der Ornamentik gefunden, so könnte man für die Gestaltzerstörung der Tropen gleichfalls in dieser Ornamentik die Parallele finden: in den fast zur Linie gewordenen Vierfüßlern oder Vögeln, in den zum Flechtwerk umgestalteten Menschenbildern der irisch-angelsächsischen Buchmalerei. Hände, Bart oder Füße der dargestellten Personen werden dort zu Anlässen, Linien, Band und Flechtwerk zu entwickeln, die miteinander eine neue künstlerische — freilich phantastisch-ornamentale Einheit bilden.

143 Und doch hat das Mittelalter in unserer 4. Periode aus dieser „barbarischen" Formlosigkeit streng gebaute, strophische Formen zu entwickeln verstanden.

98

tuserweiterungen, die später schlechthin „Tropus" heißen, werden in der Regel mit den Interpolationen auch neue Melodien hinzugefügt, anscheinend antiphonaler Art — oder die zum Kyrie, und zu den in der gallikanischen Liturgie üblichen Ordinariumsgesängen, bei denen noch ausschließlicher das Melisma aufgelöst wird, indem ihm der neue Text untergelegt wird. Oder sind beide Arten unabhängig, d. h. einigermaßen unabhängig voneinander entstanden? Man wird jedenfalls gut tun, die bestehenden Unterschiede beider Arten nicht zu übersehen. In einer noch ungedruckten Arbeit möchte ich — ohne eine abschließende Antwort zu beabsichtigen — bei den antiphonalen Tropen auf byzantinische Einflüsse hinweisen und merowingische Vorstufen als wahrscheinlich darstellen. Hier bin ich dem Problem der „Melisma"-Auflösung nachgegangen, das von jenen Vorbildern und Vorstufen aus allein nicht lösbar ist.

Es wäre also zu fragen, ob der neue Text tatsächlich als Ersatz für Melismen entstanden ist oder ob „Melisma" eine falsche Bezeichnung ist für eine (instrumentale) Wiederholung oder Vorwegnahme des Textteiles. Ob es nicht vielmehr erst durch Weglassen des Textes entstanden ist? Da das Kyrie in der gallikanischen Liturgie ursprünglich und noch für lange Zeit Volksgesang war, entfällt fast die erste Annahme. Das gallikanische Kyrie dürfte kaum ein Melisma von Bedeutung besessen haben[144]. Die zweite kann aber keine Schwierigkeiten bereiten, wenn wir uns der instrumentalen Meisterschaft „Tuotilos", d. h. des Tropenkomponisten erinnern. So wäre bei dieser Annahme der Tropus doch ursprünglich weder ein freies Einschiebsel noch eine Melismaauflösung gewesen. Wenn versucht werden soll, diese Annahme auf ihre Stichhaltigkeit zu prüfen, so sei zunächst von der Tatsache ausgegangen, daß das Kyrie ein Glied der Litanei gewesen ist — also wahrscheinlich wechselnd vom Vorsänger und der Gemeinde gesungen worden ist, indem die Gemeinde entweder den ganzen Vers wiederholt oder den begonnenen durch einen Kehrreim — das wäre hier das *eleison* — ergänzt hat. Der Quellenbefund ergibt nun dem 47. Bande der Analecta hymnica zufolge, daß die ältesten Kyrietropen überwiegend mit dem „interpolierten" Texte beginnen, als einer Anrufung, der dann ein kurzes *eleison* antwortet: *Clemens rector, aeterne pater, immense — eleison*. Es folgt dann melismatisch *Kyrieleison*. Im Prinzip wird also jeder Vers zweimal gesungen, und es liegt nahe, anzunehmen, das erste Mal vom Vorsänger, das zweite Mal von der Gemeinde, das erste Mal mit einer Anrufung, das zweite nur mit dem Worte Kyrie und natürlich dem eleison, also in einer Art vereinfachter Ausführung.

---

144 Das Alleluja ist doch wohl schon als Jubilus in Gallien gesungen worden, bevor die einheimischen Kräfte den Kirchengesang nach ihrer Veranlagung gestalten konnten.

Das würde unserer Annahme entsprechen. Indes gibt es eine Reihe von Umständen, die ihr widersprechen. Dabei sei nicht an die Kyriegesänge gedacht, in denen der unmelismatische Vers mit Kyrie beginnt oder gar nur mit *Kyri*. Diese Gesänge gehören den Analecta zufolge dem 11. Jh. an; es ist auch nicht ersichtlich, warum in den Anrufungen nicht auch der Titel *Kyrie* vorkommen darf, und sei es an erster Stelle, und jene Kyri-Beispiele tropieren zwar krasser, sind aber unkonsequent, d. h. sie beginnen nicht jeden Vers mit *Kyri(e)* oder bringen nicht das *eleison* und scheinen daher nicht ursprünglich zu sein. Und so dürfte — mit dem Vorbehalt, daß der Verfasser die Quellen nur unzulänglich kennt — die Annahme gestattet sein, daß erst im Laufe etwa des 10. Jahrhunderts, als die Erinnerung an die Herkunft der Texte schwand, diese als Tropen-Einschiebsel verstanden wurden. Wider die vorgebrachte These der Gesamtwiederholung des Verses als Melisma spricht aber 1. der Umstand, daß ein „vereinfachter Vers" kein „litaneimäßiger" Begriff ist, 2. ein anderer, daß der Ort des „melismatischen" Kyrie schwankt: Die Analecta bringen Beispiele genug, wenn auch in geringer Zahl, in denen dieser melismatische Vers vorangeht[145]. Und das Kyrie: *Omnipotens genitor* scheint so vorgetragen worden zu sein, daß erst drei Anrufungsverse gesungen werden, ehe ein einziger melismatischer Vers folgt. 3. sind diese „Tropen" ihrem musikalischen Stile nach weder litaneimäßig noch antiphonal. Vor allem aber widerstrebt das Kyrie: *Te Christe rex* — vielleicht das älteste der erhaltenen Kyriegesänge — der vorgeschlagenen Vortragsweise. Mit den vielen Verben dicendi: *exoramus, canentes, implorat, dicit, dicamus una voce omnes*[146] legt es eine andere Art des Vortrages nahe: daß nämlich das Volk das erste *eleison* übernahm. So bleibt die Wiederholung des ganzen Verses von der Litanei aus unerklärt. Statt oder neben der Litanei muß also ein anderes Vorbild wirksam gewesen sein. Als solches ist der heidnische Kulttanz nicht von der Hand zu weisen, zumal sein Einfluß sich stilistisch nachweisen läßt[147]. Er kennt ja gleichfalls Vorsänger und Kehrreim, und er besitzt zweifellos instrumentale Mitwirkung. Vorsänger und Kehrreim: das war für ihn die Möglichkeit, in die Liturgie der Kirche einzudringen. Treten seine Melodien aber durch diese Pforte ein, so läßt sich annehmen, daß die „Tanzmelodie" nicht bloß gesungen, sondern auch, und zwar wechselnd, vor oder nach dem Texte instrumental vorgetragen wurde[148]. Als drittes Element war

---

145 Die Quellen schwanken bereits beim einzelnen Gesange. Der Ort stand also zweifellos nicht fest.
146 Vor allem der Anklang an das *una voce dicentes* der Praefation, dem das Sanctus der Gemeinde folgte, läßt sich nicht überhören.
147 Darüber soll die Studie zu den Ordinariagesängen berichten.
148 Es sei nochmals daran erinnert, daß es textlose Neumenaufzeichnungen auch außerhalb der allelujatischen Carmina gibt.

dann für die Entstehung des Kyrietropus oder vielmehr der Melismatik erforderlich die gregorianische Liturgie, die solche instrumentale Beteiligungen nicht kannte und zur melismatischen Aufführung zwang. Die Entwicklung könnte also so vonstatten gegangen sein, daß das gallikanische Kyrie, unmelismatisch und aus der Litanei kommend, unter dem Einfluß des Kulttanzes erweitert wird und instrumental begleitet ist, durch instrumentale Wiederholungen oder Vorwegnahme der Melodie ausgestaltet wird (Tuotilo, der Tropenkomponist kat exochen zufolge der St.-Galler Legende, ist ja Meister des Instrumentenspieles) und daß dann unter dem Einflusse des gregorianischen Instrumentenverbotes diese Instrumentalsätze zu Melismen werden und daß nunmehr die Texte, außerhalb des melismatischen und jetzt als eigentlicher Kern empfundenen Kyries stehend, als fremde Zusätze erscheinen und daß schließlich nach ihrem Vorbilde neue Melodien und Texte entstehen, so oder so interpoliert[149]. Nach diesem Vorbilde freilich konnten sich Sequenzen, d. h. zunächst Allelujatropen entwickeln. Ähnliche Beziehungen zur instrumentalen Musik darf man auch bei denjenigen Tropen zu den Meßantiphonen annehmen, die textlose Wiederholungen enthalten, d. h. also wieder Quasi-Melismen, und die meist auch syllabisch textiert sind. Sie stellen anscheinend eine Verquickung der beiden Tropenarten (oder eine Übergangsform von der einen Art zur anderen) dar, wie sie ja nicht unwahrscheinlich sein dürfte. Die Einschubtechnik (der Tropen zu den Meßantiphonen) sei hier, wie erwähnt, nicht erörtert; nur dies sei klargestellt, daß sie an sich mit der vermuteten Instrumentalverwendung nichts zu tun hat. Für sie darf man merowingische Vorstufen und orientalische Vorbilder annehmen. Natürlich ist dann die „nordische Fantastik" dem Tropus nicht von Ursprung an eigentümlich gewesen, und stilistisch besaßen diese echten Einschiebsel (ohne instrumentale Basis) antiphonalen Stil im Sinne des mittelalterlichen Chorals oder nahmen ihn an. Der Stil der anderen Gruppe, vorzüglich also der Sequenzen, war anderer Art, nämlich so, daß er instrumentalem Einflusse entspricht; er zeigt sich ziemlich einheitlich und ist wohl als keltisch-germanisch zu verstehen. Damit sei nicht ausgeschlossen, daß ein östliches Vorbild umgeformt worden ist. Diese Deutung des Tropus sei aber vorerst als Annahme vorgetragen. Eine Bestätigung durch die Forschung, die sich bislang kaum mit dem Stile der Tropen befaßt hat, bleibt abzuwarten.

Die 2. Periode der Geschichte des lateinischen Chorals ist also dadurch gekennzeichnet, daß in Sequenz und Tropus Elemente des gallikanischen Chorals in

---

149 Bei diesen also nicht mehr „ursprünglichen" Werken ist z. T. die Melodie der ältere Teil (so *Kyrie: Fons bonitatis,* dessen Melodie im 10., dessen Text erst im 11. Jh. auftritt), z. T. aber auch der Text der ältere Teil ist (so Kyrie: *Cunctipotens,* dessen hexametrische Anlage nicht als zufälliges Beiwerk der Melodie zu verstehen ist.)

die Gregorianik eindringen, ebenso wie die irische Hymne die benediktinische zurückdrängt, und auch der antiphonale Stil der Gregorianik von Gallien her barbarisch wird. Zusammenfassend also: In der 2. Epoche begegnen sich gallikanischer und gregorianischer Gesang — wie sich gallikanische und gregorianische Liturgie begegnen. Daß im „Gallikanischen" neben Keltisch-Germanischem auch Östliches enthalten ist, bleibt dabei möglich und stellenweise wahrscheinlich. Die 3. Epoche bringt dann eine Umgestaltung der überkommenen Stile durch den Willen zur Architektonik, die 4. die Anpassung dieses Stiles an die nachmittelalterliche abendländische Musik.

So besitzt der römische Choral nach Ausbildung der Gregorianik ein reiches geschichtliches Leben, wie ähnlich vielgestaltig auch die Entstehungsgeschichte der Gregorianik gewesen sein dürfte. Aber man übersehe nicht über diesem Wandel eine große Einheit des Wesenskernes dieser Musik, daß sie gesungenes Gebet ist, und bis zum Ausklang des Mittelalters ist dieser Kern unangefochten geblieben, so daß diese Gesänge im Gottesdienste nacheinander erklingen können, ohne daß die Stilunterschiede den Teilnehmern des Gottesdienstes bewußt werden.

Das Manuskript dieser Arbeit wurde 1942 fertiggestellt, die vorliegende Fassung 1951.